ele-king

Cover portrait: Masayuki Shioda　Collage: Satoshi Suzuki

screenshot by s

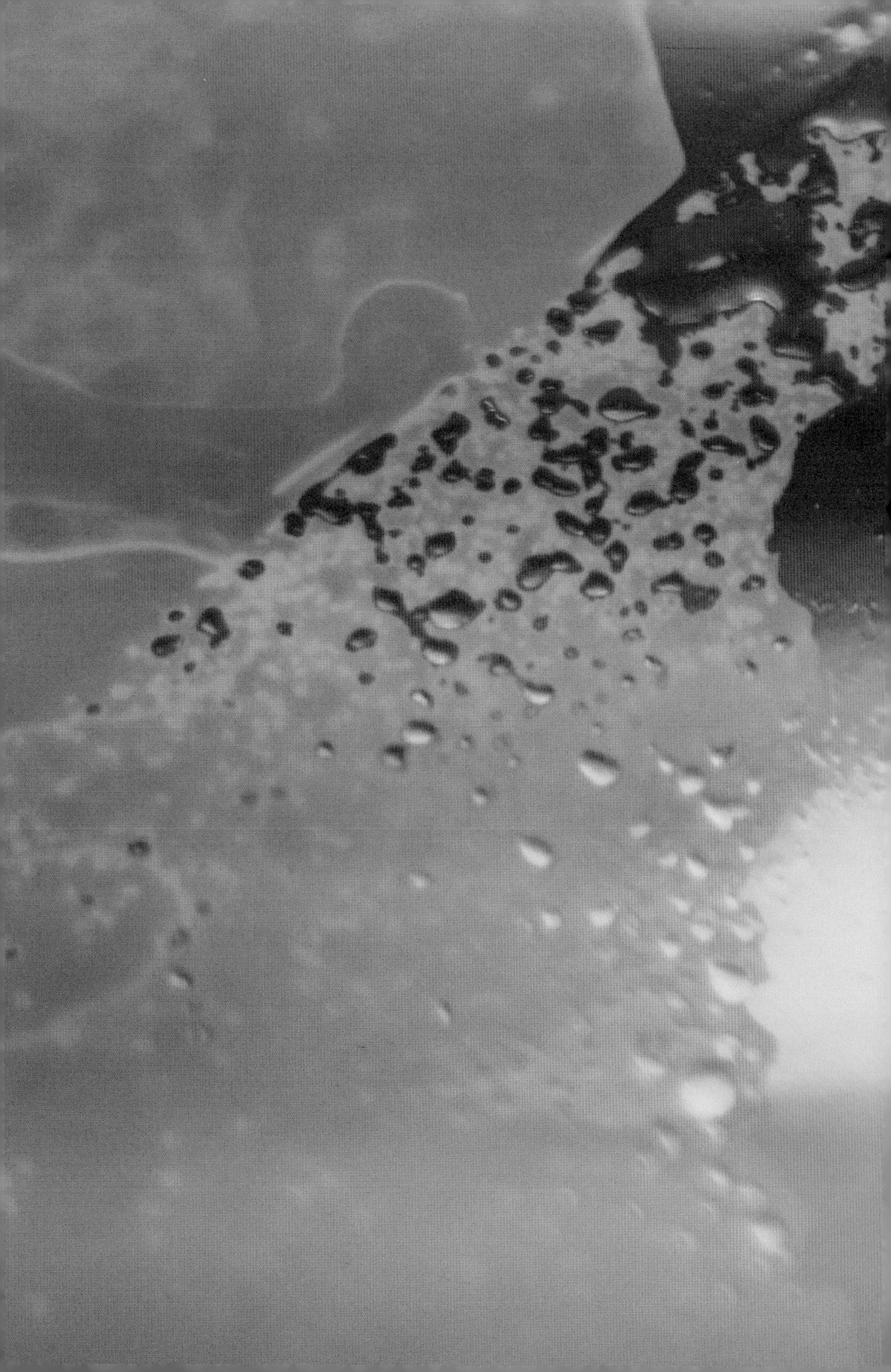

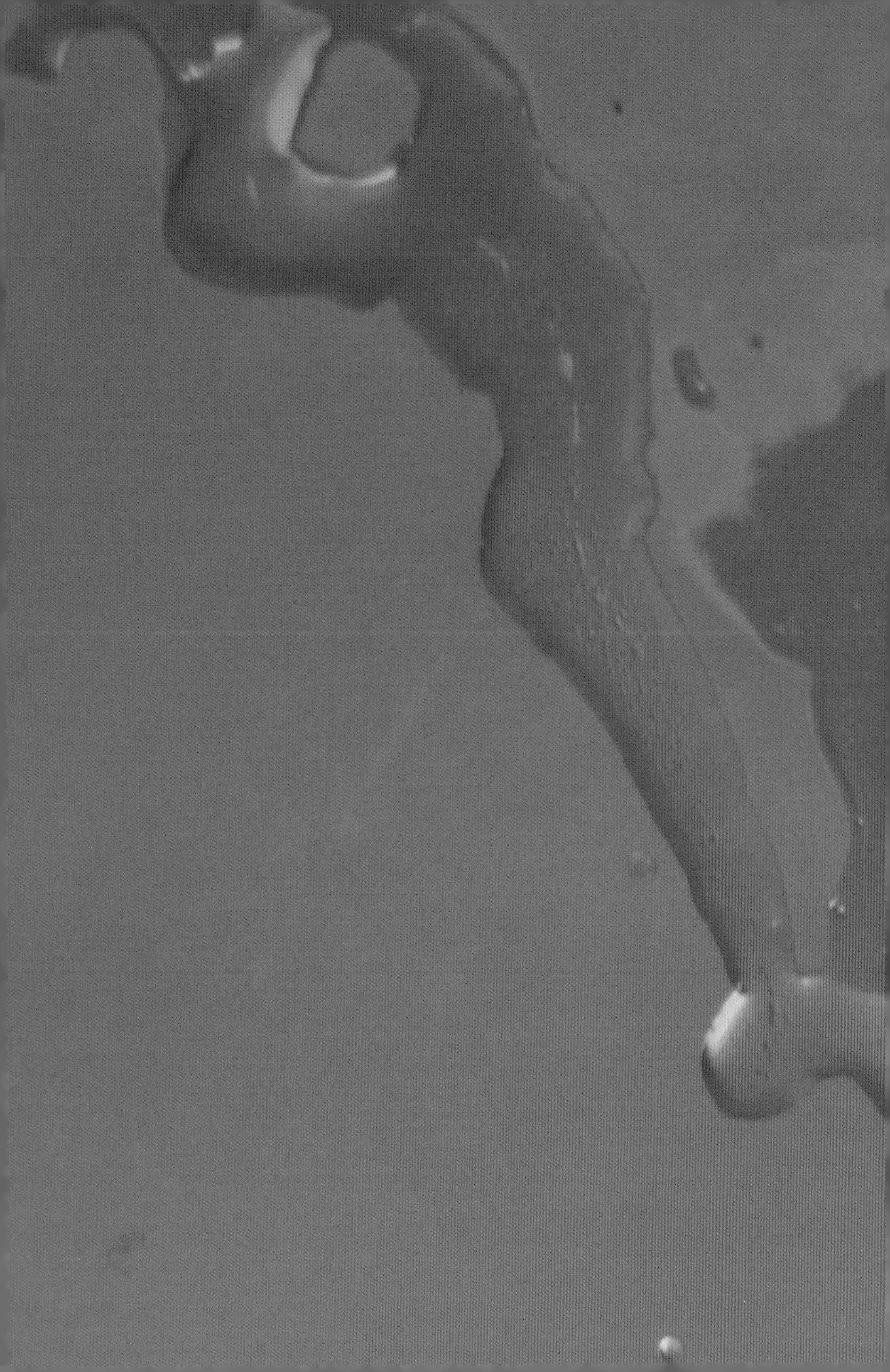

New Phase of Electronic Music

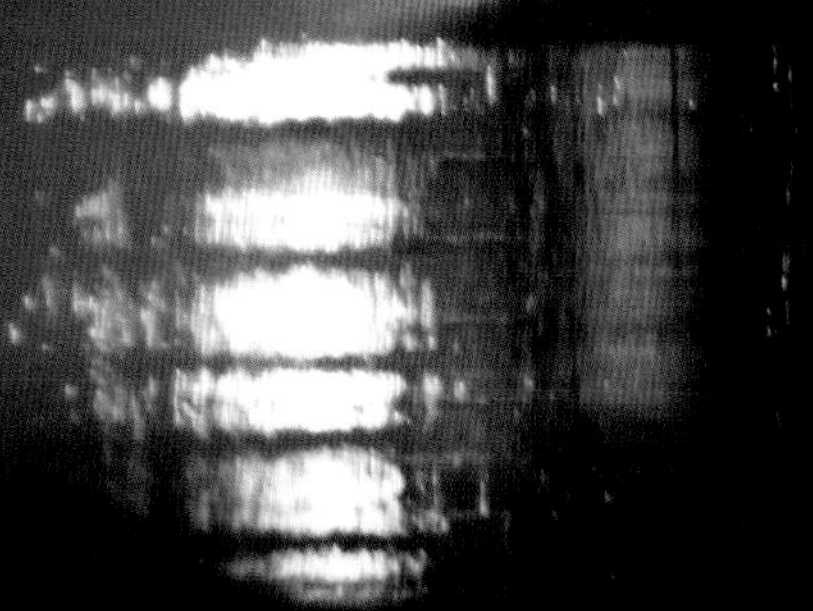

エレクトロニック・ミュージックの新局面
——2020年代、電子音楽の旅

パンデミックからもうすぐ3年、ほとんどの世界では以前のようにクラブやライヴ会場が営業され、いままで抑圧された感情を吐き出すように、快楽主義に人が群がっている。しかしながらcovid-19への恐怖でいっぱいだった2年のあいだは、出しどころを失ったエレクトロニック・ミュージックが作り手各々の思いのなかで新たなテクスチャーを生み出し、矛盾に満ちた様相が当たり前のことのようにいろんなものがごちゃごちゃしてきた。こうした状況は、クラブが解禁されたからといって必ずしもダンスに寄らなくてもいいという態度を標準のレヴェルにまでもっていったが、他方ではやはりダンスへの欲望は爆発している。さあ、2020年代のエレクトロニック・ミュージック・シーンはどうなるのだろう。ふたりのキーパーソンのインタヴュー、未来を占うディスクガイド50選、そしてコラムに用語解説をお楽しみください。

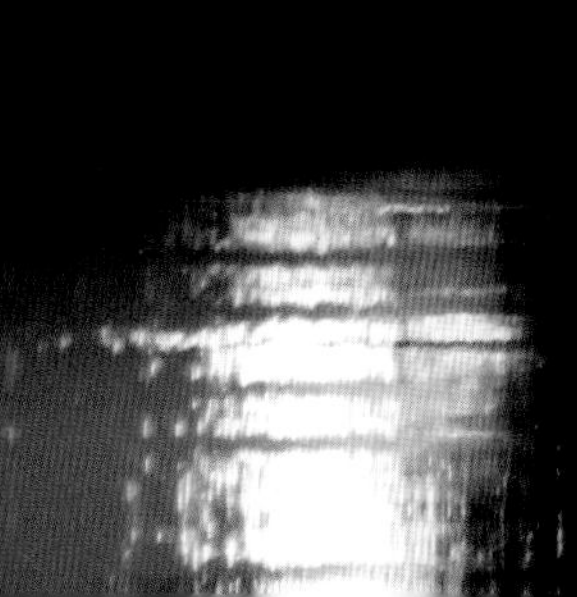

interview

Phew

「エレクトロニック・ミュージックは、人間以外が入っている
というか、電気が演奏するっていうのが一番の魅力ですよね」

取材：野田努
written by Tsutomu Noda
写真：塩田正幸
photo by Masayuki Shioda

音楽には、いろんな形容の仕方がある。美しい音楽であるとか、激しい音楽であるとか、政治的であるとか。Phewの音楽をひと言で表すなら、どこにも属さない音楽、というのはアリだろう。1970年代末、アーント・サリーの時代から、ヴォイス・パフォーマーであり電子音楽家でもある彼女の全作品に言えるのは、その音楽がわかりやすいレッテル／スタイル／ジャンルに括られるものではないということだ。ちなみに、そうした形式上のわかりやすさ、ジャンル分けがとくに必要なのは、その音楽の商業的な場面においてだろうし、音楽を作る人のほとんどは、ひとつのスタイルのなかで何ができるのかを目標にしている。そしてそれは決して悪いことではない。

Phewのように、ひとつのスタイルに固執せず、柔軟な発想でサウンドをクリエイトする人は少数派だ。高尚なものと低俗なものが入り乱れもしている。そうした音楽は風変わりに感じられ、得てしてどこにも属さない。どこにも属さないからこそ、我々が当たり前だと思っていることとのズレを生み、見慣れたモノがじつは異常であることに気づかせたりもする。Phewの音楽は、彼女がエレクトロニック・ミュージックへとシフトしてからも、一貫してそうした異化作用をうながしているようにぼくには思える。時間感覚さえも混乱しそうな2021年の『New Decade』も、まさにそんな作品だった。表現主義的で、見慣れた世界の外側で鳴っているPhewの音楽は、しかし、だからこそ、この30年のあいだ欧米や日本の冒険的なリスナーの耳を集め続けているのだ。しかも最近の日本においては、DIYで音楽活動をしている女性たちにインスピレーションを与え、彼女たちの背中を押してもいる。本人に自覚はないだろうが、彼女はこの日本を拠点に、なんの後ろ盾がなくとも、（しかも女性が）これだけの冒険的な活動ができることを証明しているひとりでもある。まあ、これまでの人生で、タフなこともいっぱいあったろうけれど。

2023年は、まずは長らく廃盤だった1992年のアルバム『Our Likeness』の再発からはじまる。ケルン近郊のコニーズ・スタジオ（＊1）で録音されたこの音楽は、アーント・サリーや「終曲」や『Phew』がそうであるように、いわゆるヴィンテージになることはない。そもそもスタイルを目指していないのだから、懐古趣味的になりようがないのだ。むしろその音楽は、近年では未来を見つめるための訪問先となっているがゆえに、新しい世代が次から次へと訪れている。CANの再発がそうであるように、『Our Likeness』がいま聴けることには意味がある。

取材は、ベルリンとケルンをふくむヨーロッパ・ツアーから帰ってきて間もない11月2日の午後、渋谷でおこなった。ツアーの話から環境問題やフェミニズム、クラフトワークまでと話題は多岐に及んでいる。

――ヨーロッパ・ツアーから帰ってきてまだ間もないですよね？

Phew　まだ2週間も経ってないですね。10日くらいです。

――結構長い期間行かれたんですか？

Phew　ちょうど2週間ですね。

――何箇所周ったんですか？

うちにいるのが好きな人なので、（ツアーの楽しみは）あんまりないかも。あと、昔から人との交流を広げることに全く興味がないので、終わったらさっさと帰るんですよ。ずっとそうで。

Phew　5箇所です。

——ベルリンとケルンとロンドンはわかるんですが。

Phew　ポルトガルのリスボンから車で1時間ちょっとのところのフェスに出て、その後ポーランドのクラクフで〈Unsound〉というフェスに。

——〈Unsound〉は評判の良いフェスですよね。

Phew　でもラインナップは何も見なかったです。疲れ果てていて（笑）。会場同士が離れていてハード過ぎるので。

——大きいフェスですもんね。ステージはいくつぐらいあるんですか？

Phew　会場自体が離れているんですよ。ひとつの会場に対して1ステージなんですけど、他にもやっている会場がいくつもあって、とても把握しきれない。ただ私は、自分の出番直前まで楽屋のソファーで寝ていたんです（一同笑）。「もうこれはコロナじゃないか？」というぐらい具合が悪くて。一応抗原検査キットを持っていて陰性だったんですが、終わったらすぐホテルに帰りましたね。

——お一人で行かれるんですよね。

Phew　そう。だから体調管理にはものすごく気を使いましたね。

——機材ももちろん持っていかれるんですよね？

Phew　持ってますよー（一同笑）。

——さすがPhewさん、タフですね。

Phew　とくにポルトガルとポーランドは、現地に住んでいる知り合いが一人もいないのでものすごく緊張しましたね。ここで何かあったら大変って。体調管理というかね。

——だってツアーしていると、バゲッジクレインのところでもドキドキしますよね。本当に荷物来るのかな、とか。

Phew　いや、ロスト・バゲッジしたんですよ。ポルトガルのホテルを出たのが昼の12時前だったのね。で、クラクフのホテルに着いたのが午前1時だったの。だから12時間以上かかっているんですよ。

——なぜですか？

Phew　まず飛行機が遅れて、それからロスト・バゲージして。

——荷物は戻ってきたんですか？

Phew　翌日に。だけどもう本当に大変でした。

——お疲れ様でした。神経を使うし自分のライヴもあるとなるとそうですよね。しかもフェスティヴァルになるとものすごく色んな人が出入りをするから。

Phew　まあでも会場とホテルは離れていて、その辺はちゃんとしていますね。

——きちんとオーガナイズされているんですね。ちなみにこのようなヨーロッパ・ツアーは初めてですか？　アメリカにも行かれていますよね。アメリカに住んでいる友人から聞いたことがありまして。

Phew　でもアメリカ・ツアーはすごくぬるいツ

アーでしたよ。普通アメリカ・ツアーってものすごく過酷でしょ？ 私は東海岸だったらニューヨークしか行ってないし、西海岸はロスとポートランドの2箇所だけで、ツアーと言えるような移動はしていないです。

——ヨーロッパに比べれば？

Phew でもロンドンでエンジェル・オルセンというSSWにたまたま会ったときに過酷なバスツアーの話を聞いて、私のやっていることはまだまだ甘っちょろいってことに気づきました（笑）。

——ケルンやベルリンは、いまでも特別な気持ちになりますか？

Phew ホッとしましたね。ここならもう病気になっても大丈夫だ、みたいな（笑）。知り合いもいるし、来たことのある場所だし、英語も通じるし、住んでいる日本人も結構いるし。なんかホッとしたというのが一番大きかったですね。

——お客さんの反応としてはどこが面白かったですか？

Phew やっぱりロンドンかな。いや、ベルリン？ ベルリンはいわゆるパーティだったんですよ。テーブルがあって、目の前にお客さんがいて、それで満員なんですよ。普通日本のクラブは禁煙じゃないですか。でもみんなタバコ吸っているんですよ。

——うお。

Phew タバコ吸うのはいいんですけど、歌っているときに目の前で吸われると結構キツくて（笑）。みんな飲んでいてワーワーと楽しそうな。

——ワイルドなパーティですね。

Phew 演奏が終わるとハグしにいっぱい来るんですね。私はちょっと（笑）。

——ははは。

Phew あとベルリンはボヘミアニズムの気風が残っているというか、それにもやっぱりホッとしましたよね。どのような状況でも楽しむことに貪欲なベルリンのお客さんはすごいと思いました。

——2週間のうちに5箇所となると、オフの日もあるんですよね？

Phew あるんですけど、移動が大変で。フライト自体が減便でものすごく少ないんですよ。だから移動するのに選択肢があまりない。リスボンからポーランドが一番大変だった。空港に着いたらキャンセルの表示が結構あって。

——もう待っているだけみたいな。

Phew そうですね。オンラインチェックインを済ませて空港に行っても荷物をドロップするカウンターが閉まっていたり、人手が圧倒的に足りてないんだろうなと思いました。

——Phewさんにとって、そういったツアーの楽しみはなんですか？

Phew うちにいるのが好きな人なので、あんま

タバコ吸うのはいいんですけど、歌っているときに目の前で吸われると結構キツくて（笑）。みんな飲んでいてワーワーと楽しそうな。演奏が終わるとハグしにいっぱい来るんですね。私はちょっと（笑）。

クリスロがすごいのは、シンセサイザーをよく知っているとかそういうことじゃないんですよ。KORGのMS－20という古いシンセサイザーを『Our Likeness』で使っているんですけども、70～80年代当時、誰もがMS－20を使っていて、そこら中に転がっているものだったんです。だけどあんな音を出している人を聴いたことがなかった。

りないかも（笑）。あと、昔から人との交流を広げることに全く興味がないので、終わったらさっさと帰るんですよ。ずっとそうで。

——なるほど、では向こうでアーティストと仲良くなるとか、そういうことはないと。

Phew　ほとんどないですね。

——じゃあ、オフの日は？

Phew　体力温存のためにひたすら寝るとか、タイマッサージ店に行くとか。あとベルリン在住の日本人の友だちに焼魚定食とか作ってもらって生き返りました（笑）。でも、ベルリンはもう20年前、いや数年前と比べても別の街になっちゃってるんですよ。

——開発されて。

Phew　何でこんなことになっちゃったんだろうっていうくらい、ジェントリフィケーションが進んでいて、若くて面白いことをやろうとしている人たちが住めなくなっている感じがしました。私的にはもうそんなに。東の方のクラブとか、たしかに面白いのかもしれないけど。でもそういうエリアは、ほぼ英語で話していて、どこから来たかわからないけどお金は持ってるみたいな人がたくさんいて。

——何なんでしょうね。

Phew　新自由主義的なところもあって、良い面も違和感を覚える面もあります。

——今回のライヴの構成はどのようなテーマになっていますか？

Phew　50分から1時間であらかじめきっちり構成を決めて、機材は、ロストバゲッジをする可能性を考慮して、極力少なくしました。ここ数年ライヴでやっている集大成的な内容です。

——『New Decade』の曲とか。

Phew　いや、やらなかったです。割と歌というかヴォイス中心のセットで。

——お客さんは踊りますか？

Phew　踊らないですね（笑）。

——ベルリンは？

Phew　（普段）踊る人は、踊れないから喋っているんですよ。ワーワー飲みながら。それが結構聞こえてくる（笑）。演奏する時間の感覚と踊っているときの時間感覚は違うんですよ。自分は踊らないので、その時間感覚のズレはいまひとつわからなくって。私には、いわゆるパーティでダンスできる曲をやるっていうのは難しい。

——Phewさんのエレクトロニック・ミュージックって、いうなれば型にはまってないので、その分反応が人によって違うというか。

Phew　そうかもしれないですね。でもお客さんにラッパーみたいな人がいて、喋っている言葉が全部ラップのリズムで面白かったです。全部“Fuckin'”は付いていたけど（笑）。すごく楽しんでもらえたみたいで良かったです。

＊＊

——Phewさんがエレクトロニック・ミュージックにフォーカスした活動を、いまのように精力的にするようになったきっかけはなんですか？

Phew　震災以降、一人でできる形態でやっていこうと考えはじめました。私、あれからMOST以外でバンドでやってないんですよ。活動の幅をとにかく小さくしていこうと思いました。

——でもまだ『A New World』ではバンドで。

Phew　レコーディングではJohn Dietrichさんとかに参加してもらいましたけど、ライヴではやってないですね。2回だけ向島ゆり子さんとライヴをやりましたが、バンドはないです。

——作品的には『Jamming』や『Light Sleep』の2010年代なかばあたりでしょうか？

Phew　そうですね、それらは宅録で。でもその前『Big Picture』（01年）っていうユニットを、いまミックスやエディットとかをやってくれているDOWSER Nと2人でやっていて、それも出発点と言えばそうですね。サンプラーで弾き語りをするっていうコンセプトで、時々、ゲストを呼んでライヴをしていました。それがはじめかな。

——そして、震災後にエレクトロニック・ミュージックへとアプローチがシフトしていく？

Phew　震災後ぐらいから結実とか完成とか、そういうことをあまり考えなくなったんですよね。それまで、例えば『Five Finger Discount』は、割と気合が入っていたんですよ。「こういうことをやるんだ」って。でもそれ以降はもう、あんまり考えてないですね。

——『Vertigo KO』のPhewさんのライナーで、幻想でも逃避でもなく、「個人的ドキュメンタリー」みたいなことを書かれていましたね。

Phew　いわゆる経過の記録みたいなね。それでもちゃんとしたパッケージに仕上げないと、というのはすごくあります。

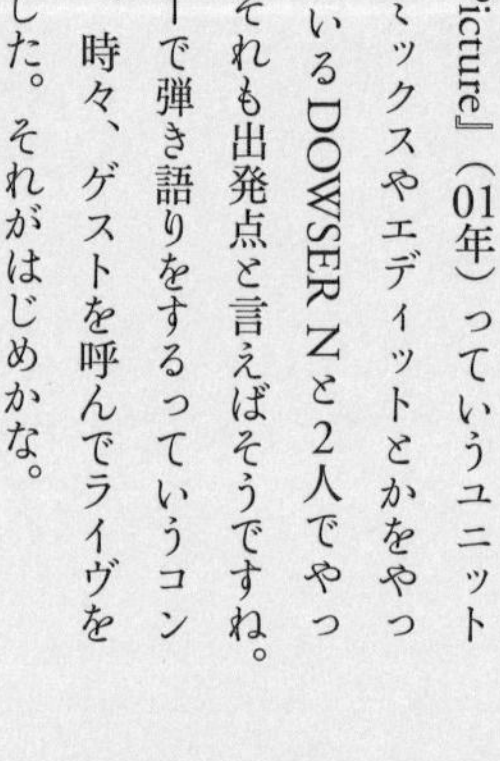

Phew
A New World
Felicity（2015）

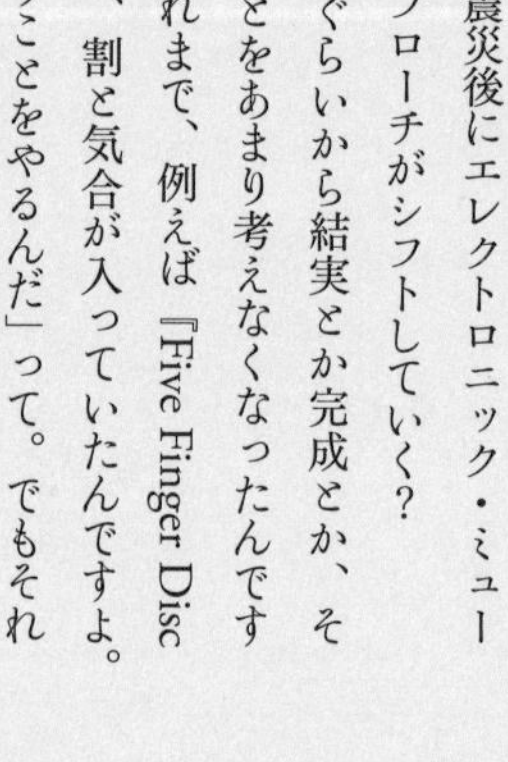

Phew
Jamming
Bereket（2016）

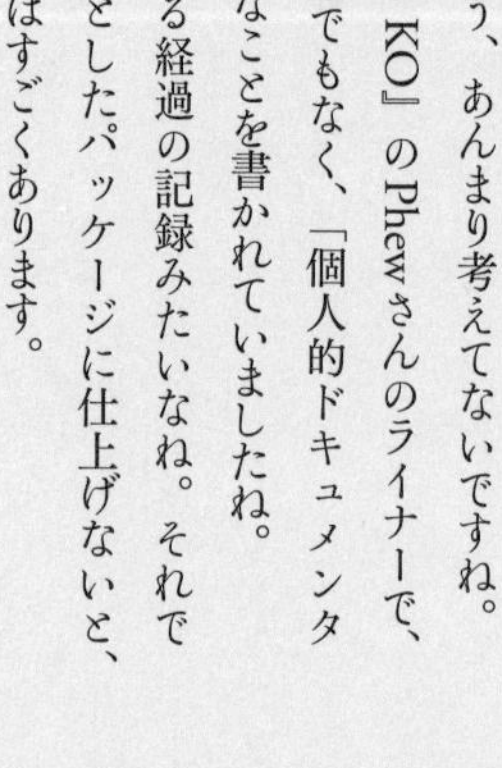

Phew
Light Sleep
Mesh-Key（2017）

——Phewさんから見てエレクトロニック・ミュージックの魅力はなんですか？

Phew　人間以外が入っているというか、電気が演奏するっていうのが一番の魅力ですよね。デジタル機材になって人間がコントロールできるようになったから薄まりつつあるけど、昨日松山から帰ってきたんですが、映画館で無声映画に音楽をつけるイベントに行ってきまして。映画館だから来ている電気の容量が少なかったんだと思うんですけど、電圧がすごく不安定になるんですよね。それってシンセサイザーにもろに影響があって、突然落ちたり、音が変わったり、そういうハプニングがすごく面白いです。これは自分ではどうにもできないことだから。

——いわゆる打ち込みというかエレクトロニック・ミュージックを制作するノウハウは完全に独学ですか？

Phew　そうですね。あまり何も考えてない（笑）。色んなデジタルのソフトが出て、安くなって、というのが関係あると思います。

——一時期フリーソフトウェアを使っていましたよね。

Phew　『Vertigo KO』のいくつかの曲はフリーソフトだけで作りました。

——全部フリーにはしなかったんですか？

Phew　やっぱりダメでしたね。例えば、メロトロンのフリー素材を使ったんですが、実機と比較すると音の細さが気になりました。音量を上げると耳に刺さってくるんです。使い方が下手クソなせいもあるとは思いますが、お金がかかるもんだな、というのがわかりました。

——『Jamming』はPhewさん的なドローン作品というふうに僕は解釈しています。ヴァーティカルな、垂直的な音楽。これを作る契機というのは？

Phew　『Jamming』はまず歌をやめようと思ったんですね。ヴォイスなしの電子音楽だけで作ろうと。あと買ったばかりのシンセサイザーがあって、それが楽しくてしょうが

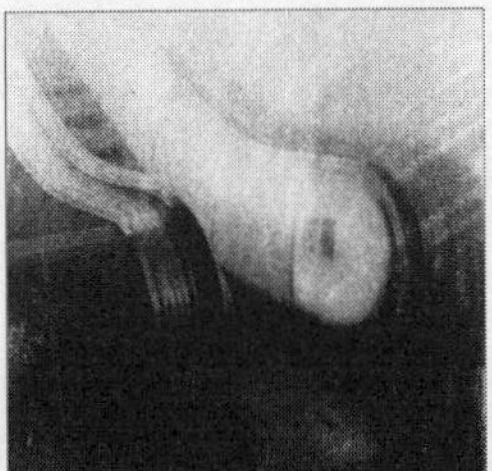

Phew
Vertigo KO
Disciples（2020）

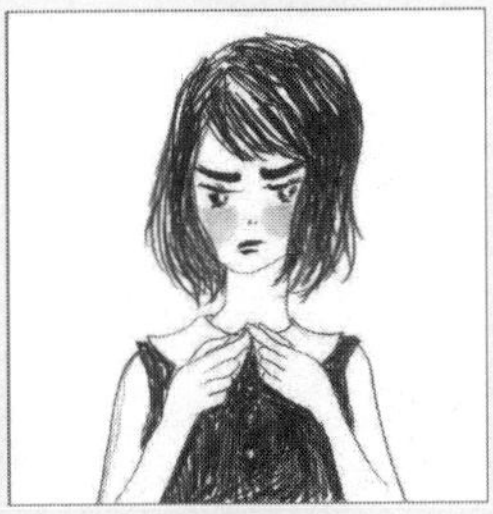

Phew
Five Finger Discount
Bereket（2010）

Big Picture
Big Picture
Little More Records（2001）

なかったんです（笑）。これを使って何か作っておきたいっていうのはありました。あとから色々な説明ができるようになるけれど、作っているときは何も考えてない。こんなのを作ろう、という意図もなかったです。

――『Voice Hardcore』は声を使っていますよね。

Phew　あれは声だけでやろうという意図がありました。ずっとそれはやりたかったことで。

――その後のAna Da Silvaさんとの『Island』もエレクトロニック・ミュージックがベースの共作でした。こちらは？

Phew　これは、Anaがちょうどモジュラーシンセを買いはじめて、楽しくてしょうがないって言ってて（笑）、その勢いではじまったプロジェクトとも言えます。初めてロンドンで演奏したときにAnaが見に来てくれて。

――どういった経緯で？

Phew　レインコーツが初めて日本に来たときに、あれ何年だったけな。震災の前だっけな。

――10年以上前ですね。

Phew　そのときに前座でサポートしたんですよ。O-Westだったと思います。その後ロンドンに行きますよ、よかったらライヴに来てください、みたいなことを連絡したら来てくれて。すごく気に入ってくれて、何かやりませんか、となったのが最初ですね。

――それにしても、長いキャリアのなかで、ずっとヴォーカリストとしての活動がメインだったと思いますが、いまのようにエレクトロニック・ミュージックで新しいことをやっているのはすごいと思います。

Phew　自分的には新しいとかは全くなくて、ある意味全然変わってないっていうのかな。でもこういうことをはじめて、若いときに実際に見聞きしたこと、例えば『Our Likeness』の頃とかが蘇ってきますよね。一緒に仕事していたミュージシャンはこういうことをしていたな、みたいな。クリスロ・ハース（＊2）がいかに偉大だったかがす

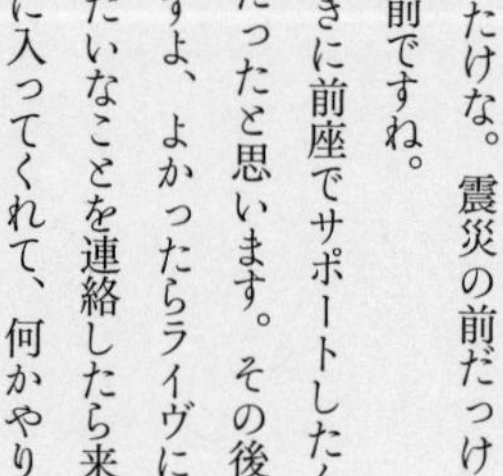

Phew
Voice Hardcore
Bereket (2017)

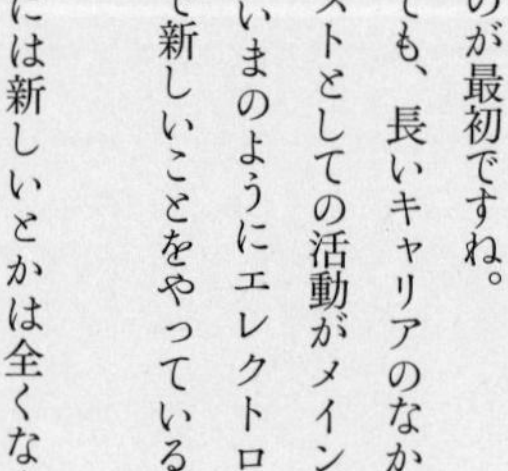

Ana Da Silva And Phew
Island
Shouting Out Loud! (2018)

でも、ベルリンはもう20年前、いや数年前と比べても別の街になっちゃってるんですよ。何でこんなことになっちゃったんだろうっていうくらい、ジェントリフィケーションが進んでいて、若くて面白いことをやろうとしている人たちが住めなくなっている感じがしました。私的にはもうそんなに。

ごくよくわかります。

クリスロがすごいのは、シンセサイザーをよく知っているとかそういうことじゃないんですよ。KORGのMS−20という古いシンセサイザーを『Our Likeness』で使っているんですけども、70〜80年代当時、誰もがMS−20を使っていて、そこら中に転がっているものだったんです。だけどあんな音を出している人を聴いたことがなかった。やる人がやるとああいう音になるんです。ダニエル・ミラーも同じようなことを言っていましたね。

――コニー・プランクとか。

Phew　コニー・プランクがクリスロの才能を買っていて、MS−20をクリスロにあげたんです。

――なるほど。Phewさんの作品も音色に対するこだわりを非常に感じますけどね。

Phew　まあでも私は大したことやってないから（笑）。

――リズムはドラムマシンを使われているんですか？

Phew　そうですね。あとはやっぱり基本何をやっていても自分はシンガーなんだなと。歌っていなくても根っこに絶対声がある。電子音は声の代わり。

――なるほど。いま『Our Likeness』の話が出ましたが、２０２３年に再発されます。あのアルバムはどういう経緯で？

Phew　あれは80年か81年か、ファースト・アルバムでコニーズ・スタジオに行ったときに、一人若いドイツ人の男性が見学に来てたの。黙って座っていてすぐ出ていって。それがクリスロだったんです。それで80年代後半に日本に来たときに私を訪ねてきてくれたんですよ。当時のクリスロのパートナーが日本人で、彼女が私の連絡先を探し出して。

――そのときPhewさんはどこに？

Phew　日吉にいました。80年代の終わりだったと思います。それでクリスロが何か一緒にやりたいと言ってくれて。『Our Likeness』は全部クリスロのお膳立てですよ。コニー・プランクはもう亡くなっていたけど、彼のパートナーだったクリスタ（・ファースト）さんがスタジオを経営していたのでクリスロが彼女に連絡して、それから〈Mute〉のダニエル・ミラーに連絡したんです。それが『Our Likeness』のきっかけでした。私は本当に何もしてなくって。

――ちょうど『View』で復帰されて、その次の作品になりますもんね。

Phew　クリスロも『View』を聴いていて、「あのアルバム全然良くない」って（一同笑）。ボロクソに言われて（笑）。そうですかーって。

――クリスロがケルンのコニー・スタジオを押さえて、ダニエル・ミラーに連絡して〈Mute〉から……ということですか？

Phew　そうですよ。私は本当に何もやってなかったし。

――てっきりダニエル・ミラーがオーガナイズしたのかと。すべてはクリスロのお膳立てだったんですね。

Phew　クリスロはミュージシャンのなかのミュージシャンというか、向こうのミュージシャンもクリスロのことをすごく尊敬していたんですね。だからノイバウテンの（アレキサンダー・）ハッケも参加してくれることになって。

――ある種の天才肌の人ですよね。未発表のテープもたくさんあると聞いたことがあるし。

Phew　最後のアルバムが〈トレゾア〉から出ていましたよね。あれはまだ本領発揮できてないなと。ちょうど機材の移り変わりの時期だったとかもあるのかもしれないですね。今生きていれば、どんな音楽を作っているのだろうとよく思います。

――『Our Likeness』のレコーディングは、コニーズ・スタジオの、伝説の手作りのミキシング・デスクも当然あって？

Phew　はい、すごくきっちりメンテナンスされていて。

――ミキシングは誰がやられたんですか？

Phew　インゴ・クラウスというコニーズ・スタジオ専属のすごくいいエンジニアで。

――レコーディングは、Phewさんがあらかじめ曲を用意していったんですか？

Phew　いや、作ってないです。全部その場で、セッションで出来あがったものです。

――ヤキ・リーベツァイトもスタジオで、いっしょにセッションされたんですね？

Phew　1週間ぐらいセッションしてましたね。

――コニーズ・スタジオは居心地が良かったですか？

Phew　良かったですね。クリスタさんのお陰です。泊まるところもあって、ご飯も美味しいし、すごく良いところでした。

――ちなみに『Our Likeness』を日本語に訳すとしたら？

Phew　相似形ってことですか？　覚えてないんですけど（笑）。

――Phewさんは以前「ポスト・パンクとくくられることに違和感がある」という話をされたことがありました。たとえば、アーント・サリー時代にどこかのシーンに自分がいたのかといったとき、自分はどこにも属さないと。

Phew　属せなかった、というのもたぶんありますよね。

――いまもそうですか？

Phew　いまもそうなんじゃない？　とくにアーント・サリーは「女の子バンド」とか、そういう括りすらなかったんですよね。ガールズと

優先順位ですよね。一番大切なのは生命。フェミニズムって貧困の問題を掬えてない気がするんですよね。

かランナウェイズとかは男性目線で作られたイメージっていうかね。いまは「女性エレクトロニック・ミュージック」（笑）とかなんかあるんじゃないですか。その枠で私呼ばれているのかなって。

——それはないと思うんですけどね？

Phew　いや、すごくあると思いますよ。でもそういうわかりやすい取っ掛かりがあるのはいいなと今では思います。

——僕はエレクトロニック・ミュージックを割とたくさん聴いているほうですが、ここ10年で一番大きな変化があるとしたら、女性のミュージシャンがすごく増えたというのがあります。

Phew　面白いことをやっていますよね。

——別に女性だから買っているわけじゃなくて、この音楽が良いなと思って聴いていると作者が女性だった、ということが本当に多いんです。エレクトロニック・ミュージックって、女性にとっては変に自分のジェンダーを意識しなくても作れる音楽っていうがあるのかなと。

Phew　あと家で作れるというのもすごく大きいと思いますね。例えば子供がいると出かけるのもなかなか大変なことで、家で空き時間にできるというのは。ヘッドホンしてたら音が出ないし。

——なるほど。理由はそれだけですかね？

Phew　いやわかんない（笑）。でもきっと、じつはずっと女性ミュージシャンはいたんだと思いますよ。

——実際、そのようですね。歴史で語られなかったいろんな女性の名前が近年は出てきています。Phewさんは、若いうちからヨーロッパに行かれてますよね。ダムドのライヴをロンドンで見たのも十代のころですよね？

Phew　そうですね。17歳かな。

——17歳！

Phew　でも現地のクラブにいるのはみんな同い年くらいの子供だったんですよ。だから言葉通じなくても仲良くなれるし、一緒に遊べちゃう。あれ楽しかったな（一同笑）。ロンドン・パンクってそういうものだったんですよ。

——そんな若くしてヨーロッパの音楽シーンを目撃して、日本に帰ってきたときに文化的な落差みたいなものは感じませんでしたか？

Phew　私は若いときから文化的な落差というか違いがあるのは当然だと思っていて。どちらが上とか下とかではなくて。ただ、日本の70年の末から80年の初めは、「ロンドンでは〜」「ニューヨークでは〜」といった調子だったんですけど、私はまったくそういう風に思わなかったです。そのあとドイツに行ったりして、「こっちに来なさい」「住めばいいじゃん」という誘いはいっぱいあったんですけど、住もうと思ったことは一度もないです。向こうにいて、現地の友人が何人かできると見えてくるものがあるんですよ。一番気になったのは階級ですね。自分が何をしたいのかがはっきりしないと、潰れる。明確な目的無しに滞在したら、ここでは潰れてしまうな、というのは最初から思いました。

——僕はヨーロッパを経験して日本に帰ってくると、例えば日本人は満員電車で無言でボンボン押してくるのが嫌だなあとか、せめて「Excuse

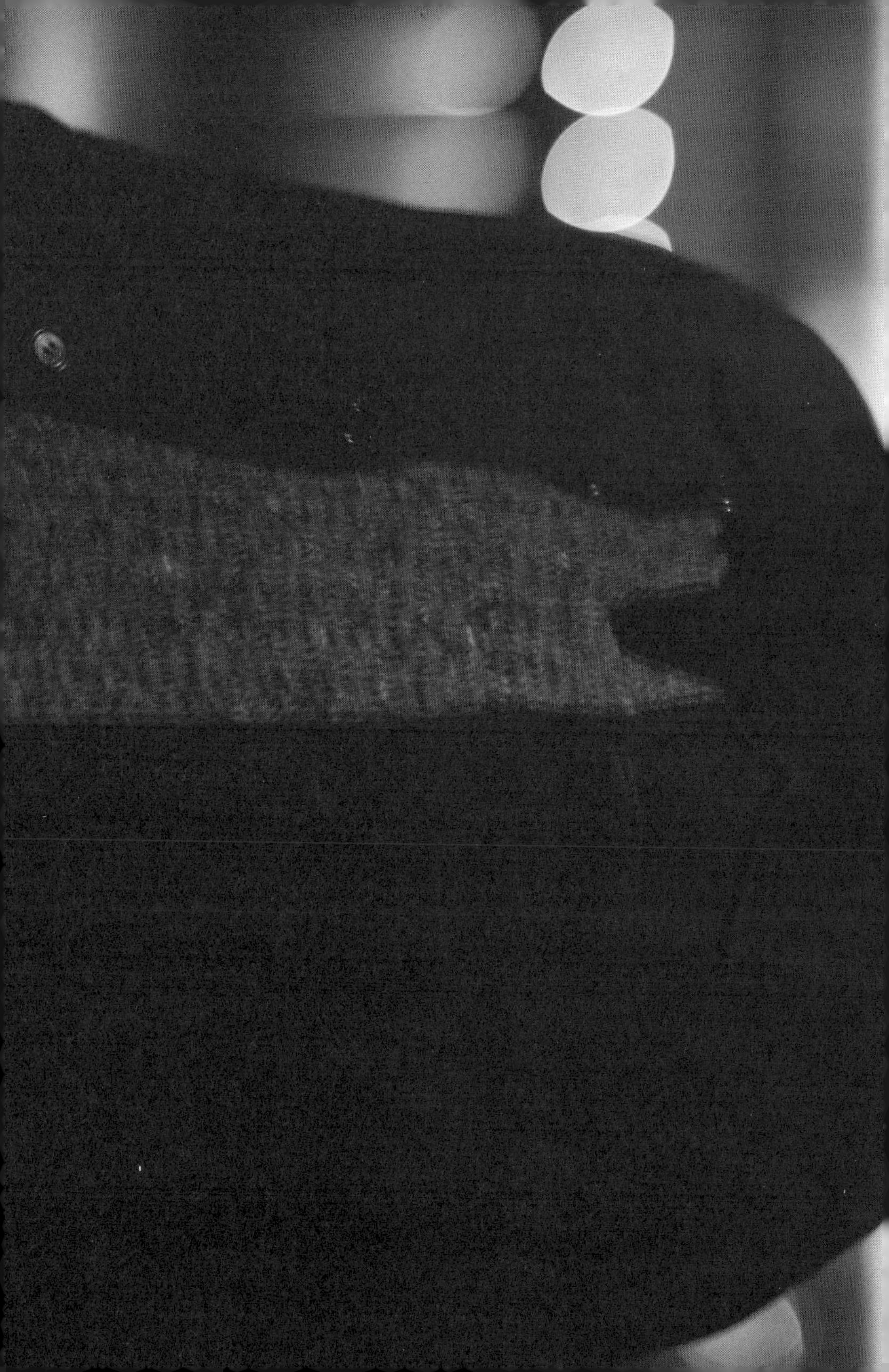

me」ぐらい言ってほしいとか思いましたが（笑）。

Phew　もちろん細かいことでヨーロッパはいいなあと思うことはいっぱいありました。70年代のロンドンは地下鉄でもタバコを吸ってましたし、歩きながら物食べてるし、自由でいいなあと。当時の日本で歩きながら物食べるというのを見かけることはほとんどなかった。いまは変わりましたね。でも極端なのは良くないなと思います。渋谷ハロウィンみたいなのはね（笑）。

あ、でもね、当時日本にスタンディングのライヴハウスってなかったんですよね。ロンドンではマーキーとか小さい箱で立って見られるのは心底良いなと思いました。クラブ的なものもなかったし。当時の日本はディスコで、行かなかったし行く気もしなかった。

――アーント・サリーのライヴは立ち見ではなかったんですか？

Phew　みんな座っていたと思いますよ。最初に出たライヴハウスなんて15〜20人入ったらもういっぱいのバーでした。新宿ロフトだって椅子があったと思います。ウェイラーズとかブロンディとかが来日したときに見ているんですけど、厚生年金会館とか、クラシックをやるようなホールでやってましたし（笑）。

――少しジェネラルな質問になってしまいますが、以前DOMMUNEでお話を訊いたとき、フェミニズムについてはよくわからないみたいなことを言われてましたよね？

Phew　優先順位ですよね。一番大切なのは生命。フェミニズムって貧困の問題を掬えてない気がするんですよね。

――アイデンティティの話とはまた違いますからね。

Phew　やっぱり貧困問題を取りこぼしている気がするし、貧困問題はそれこそ性差別と密接に結びついていると思うし、私はそっちのほうにより関心があります。自分のことでは、言うといっぱいありますよ。とくに若いとき、これは女の子だからこういう扱いなんだな、ということは数え切れないほどありました。でもじょじょに変わりつつあると思うし、いまの若い女性たちは頑張っているなと思いますよね。

――欧米で取材を受けたとき、こういう質問はされませんか？

Phew　とくに女性からされますね、フェミニズムと環境問題（笑）。メール・インタヴューなんかでは絶対入っています。フェミニズムや環境問題、戦争もそうですけど、簡単には言えないですよね。環境問題については、私は電子音楽だし、小さくなってすみませんとしか言えない（笑）。地元が神戸なんですけど、瀬戸内海から魚がいなくなったのは個人的にショックでしたし、言いたいことはありますけど、音楽やってるしなあ、ろくでもないな自分、みたいな。スウェーデンの人に言われましたよ、物販にレコードを持っていったら「環境に良くない」って。「ごめんなさいね」みたいな。ライヴハウスなのに（笑）。ちょっと極端ですよね。

――最近は環境にやさしいレコードも出ているんですよね。グリーン・ヴァイナルと呼ばれるもの

とくに東京は素晴らしいです。40人くらい入ったらいっぱいになるような小さな箱がたくさんあるじゃないですか。それぞれのお店に個性があって、音響設備もよくて、面白いイベントがあって、来るお客さんが楽しんでいて、好きになればCDやグッズを買って帰るという。最高に素晴らしい。

で、再生可能な素材で作られていると。

Phew　環境問題は代替エネルギー問題と密接に結びついていて、とてもじゃないけれど、私個人は、原発を容認できないし、また、フェミニズムを語ると、どうしても貧困、ギリギリのところで生きざるを得ない人たちを切り捨てることになってしまうから、あまり積極的には運動に参加する気にはなれないですね、今のところ。

――インディペンデントなアーティストにとって、現代のほうが活動しやすくなっていると思いますが、いかがでしょうか?

Phew　とくに東京は素晴らしいです。40人くらい入ったらいっぱいになるような小さな箱がたくさんあるじゃないですか。それぞれのお店に個性があって、音響設備もよくて、面白いイベントがあって、来るお客さんが楽しんでいて、好きになればCDやグッズを買って帰るという。最高に素晴らしい。すごく大変だけど、音楽だけでなんとか生活できる可能性があるのは東京だと思います。東京のなかでこれだけお店があって、毎日どこかで面白そうな企画があって、みたいなのは本当に素晴らしい。この火は消しちゃだめだなと思います。

――その良さを、自分たちで気づいていないだけですね。

Phew　ロンドンも、家賃や物価が高すぎて面白いことやりたいけど若い人が来られないんですよ。現地の人もそう言っていて、逆にブリストルやグラスゴー、リヴァプールとかのほうが面白いことが起こっているって。もう高すぎて無理なんですよね。いまは円安・インフレで経済的にどうこうというのはありますが、それでも東京は素晴らしい。

――この話は、インディ・ミュージシャン全員に知って欲しいですね。

Phew　コロナになってもなんとか持ちこたえた店がいっぱいあって、毎日のようにどこかで企画があるじゃないですか。そのなかで新しいお店を開店しようとする人もいる。日本は治安もそんなに悪くないし。

　色々なマイナス面、例えば多様性がないとか言われますが、全然そんなことはないと思います。人種的な多様性みたいなものはヨーロッパ、例えばベルリンやロンドンと比較すると少ないのかもしれないけど、多様な店はそこら中にあるじゃないですか。世界に誇る必要もないんだけど、良いところだと思います。あと、日本は閉鎖的でみたいなこともよく言われますが、それはベルリンも同じみたいですよ。ベルリン生まれベルリン育ちのミュージシャンが「ベルリンは村だ」って言ってました。

——ではもっと面白い音楽がどんどん出てくる可能性も大きいと？

Phew　ただ円安がとても関係していると思いますが、みんな洋楽を聴かなくなってきているでしょ。日本のなかで完結してしまうのは良くないとは思います。でも日本のインディペンデントの音楽に携わっている人たちは本当に素晴らしい。手作りのフェスティヴァルでも面白いものが色々あるじゃないですか。

——インターネットはそういう意味で言うとインディ・ミュージシャンにとって便利なツールですが、Phewさんから見たインターネットの嫌いなところはどこですか？

Phew　白黒はっきりしすぎているところというか、曖昧さが許されないし、曖昧さを伝えられないというところですね。実は曖昧さが一番大事だったり、生き残るための道だったりすると思うんですけど。コロナ対策だって、「日本は日本は」みたいな論調をよく見ますが、やっぱり極端なのは、どうかなと思いますね。

ヨーロッパは極端ですよ。いきなりロックダウンして半年間やっていたのかな？　明けたら誰もマスクしないし（笑）。ツアー中、楽屋で出演者になんでマスクしないのか訊いたら、「私は一回、感染して死にかけたから、もう死ぬのが恐くない」だからマスクはしないんだって。「それ、勝手じゃん」って思いましたし、言いました。で、言うと「sorry」と言って、口を覆って話していました（笑）。ヨーロッパでもコロナについては気にしているんですけど、すごく極端で、それがそんなに正しいことだとは思わない。検査だって無料のものなんてなかったです。気になる人は抗原検査キットを買って検査するみたいな状況でした、ロンドンでは。改善しなきゃいけない部分は山ほどあると思うんですけど、それはどこの国も同じですね。あとは何かおかしいなと思ったらその場で抗議することですね。日本海外関係なく、変だと思ったら一人でもワーワー言います。

——ツアー中に変だと思ったことはありましたか？

Phew　人種差別ですね。それはどんな状況にあっても絶対に怒らなきゃいけないことです。ホテルの朝食のカウンターで待っているときに無視されたからキレて。でもこれは当然です。絶対に抗議しなきゃいけないこと。

——ヨーロッパはそういうことありますよね。

Phew　とくにポーランドで感じました。空港に降りた瞬間、緊迫している感じ。送迎の車の運転手が、ウクライナまで車で1時間半、ドイツも1時間半と言っていて、難民の方もたくさんいたし、街の緊迫している感じにすごく疲れて。これが戦争の空気なんだというのを

ツアー中、楽屋で出演者になんでマスクしないのか訊いたら、
「私は一回、感染して死にかけたから、もう死ぬのが恐くない」だからマスクはしないんだって。
「それ、勝手じゃん」って思いましたし、言いました。で、言うと「sorry」と言って、口を覆って話していました（笑）。

ひしひしと感じました。2016年に行ったことがあったんですけど、全然空気というか雰囲気が変わっていました。もともと戦争以前にポーランドやハンガリーが右傾化しているというのは話には聞いていたんですが、戦争でさらにピリピリしていたんでしょうね。
滞在していたホテルは、元ユダヤ人居住区のすぐ近くで、第二次大戦時にユダヤ人が集められて連行されていった場所、そこが完全にディズニーランドみたいに観光地化されていて、日曜日にはマーケットがあって、そこでも戦争の気配を感じました。おそらくウクライナの方もいたと思うし、スキンヘッドの人がおばさんを殴っていたり。だからポーランドでは複雑な気分でした。

＊＊

――今年はカセットで作品を出されているじゃないですか。

Phew　106というDOWSER Nと二人でやっているユニットですね。

――ああいったカセット作品は今後も出されるんですか？

Phew　手軽だっていうことで、カセットは数が少なくても出せるじゃないですか。CDだと最低何百枚発注しないといけないですけど、カセットは手軽に出せる。

――『Jamming』や『Voice Hardcore』のCDはご自身のレーベルからのリリースだったじゃないですか。再びご自身のレーベルから出すことは考えていらっしゃいますか？

Phew　どこも出してくれないようなものは自分で出すしかない（笑）。『Jamming』や『Voice Hardcore』はどこも出してくれそうにないから自分で出したんです。

――いまもお時間あるときに制作して？

Phew　音出して、面白いことを探してるみたいな感じで遊んでいます。

――家のなかにPhewさんのプライベートスタジオがあるんですか？

Phew　ちょっとそれは見せられない（笑）。スタジオ的な機材は何もないです。簡素なミキサーとスピーカー、あとは楽器。よく家で作っている人の写真で見るような立派なものは何もない（笑）。

――2023年は、『Our Likeness』の再発があって、他に新作の進行はありますか？

Phew　アルバム作りたいです。どういうものにするかはまったく考えていないですけど。

――『New Decade』に次ぐアルバムですね。それは楽しみです。

Phew　ちょっと歌に戻るかもしれないです。

――『Our Likeness』はそういう意味で言ったら歌のアルバムでもありますよね。

Phew　そうですね。

――ミーハーな質問で恐縮なんですが、Phewさんの好きなエレクトロニック・ミュージックのアルバムを何枚か挙げてもらえますか？

Phew　なんだろう。まあ、クラフトワーク（笑）。『Radio-Activity（邦題：『放射能』）』が好きです。『アウトバーン』も好きだけど、やっぱり『Radio-Activity』。最後の曲、間違えてるんですよ。手弾きのメロディの弾き損じが残っているのが素晴らしいし。電子音楽家だとデイヴィッド・チューダーかな。今、思いつくのは。

――最初にPhewさんの『Jamming』を聴いたときは、初期のクラスターに似ていると思ったんですよね。

Phew　クラスターね。メビウスの作る音も好きです。クラフトワークから直接に影響を受けようがないんですけど、やっぱりクラフトワークが好きです。あとコンラッド・シュニッツラーとか。

――リエゾン・ダンジュルーズとか。

Phew　リエゾン・ダンジュルーズはクリスロですね。リエゾンはクリスロに直接会う前に聴いていたんですけど、そんなに衝撃はなかったですね。

――DAFのほうがありました？

Phew　ありました。

――ファースト・アルバム？　黄色いやつ？

Phew　好きです。〈Mute〉からのやつも好きです。でも2人になってからも好きですよ。

――やはりドイツの音楽が。

Phew　ドイツって電子機器、スピーカーとかマイクとかがすごかったというイメージだったんですよ。コニー・スタジオの卓はアメリカ製のMCIだったんですけど、メンテナンスが素晴らしかった。スタジオにあったピアノの調律も素晴らしかったし、スタジオの鳴りも何もかも素晴らしい。ヨーロッパに初めて行って思ったのは、物をすごく大切に使うなと。昔のものを何度も修理して。でも90年代に行ったときはもうそういう感じはなかったです。それはすごく残念です。それと同時にドイツ鉄道が遅れるようになって、なんかね（笑）。何かが変わっちゃったんですよね。グローバリズムの台頭じゃないですけど、みんなが英語を喋るようになったのも同じ時期でしたね。

――では、最後に、2023年はどんな年にしたいですか？

Phew　みんな生き延びてほしいです。無事に、安全に。

（＊1）コニーズ・スタジオは、エンジニア／プロデューサーのコニー・プランクが1974年にケルン近郊に作ったスタジオ。プランクは、60年代末からフリーのエンジニアとして初期クラスター、クラフトアーク、ノイ！、ハルモニア、アシュ・ラ・テンペルといった重要なバンドの制作に関わり、そのクリエイティヴなミキシングは評判となって、パンクの時代にもDAF、ディーヴォ、ウルトラヴォックス、アインシュテュルツェンデ・ノイバウテン、リエゾン・ダンジュルーズなどの諸作でも腕を見せている。1970年に自作した56チャンネルのミキシングデスクは、その後もカスタマイズされながら、彼が47歳で他界した1987年以降のスタジオでも使用されていた。

（＊2）クリスロ・ハース／Chrislo Haas ノイエ・ドイチェ・ヴェレを代表するバンド、DAFおよびDer Planのオリジナル・メンバーのひとりで、ピロレイターによればDAFのサウンドの発明者はクリスロだというが、じっさいガビ・デルガドもその影響を認めている。マニアDのベアーテ・バルテルとのリエゾン・ダジュルーズ（81年）は有名で、デトロイト・テクノに多大な影響を与えたばかりか、このプロジェクトにおいてコルグMS-20で作られたポリリズミックなベースライン（4／4拍子のリズムに対して6／4のベース）はその後多くの作品にサンプリングされている。毎日のようにコルグのシンセサイザーと向き合って音の合成をし続け、そのいくつかは大量のテープに録音されている。1998年に〈トレゾア〉からソロ・アルバム『Low』を出しているが、2004年にアルコールが原因で他界した。

Phew
New Decade

Mute / Traffic（2021）

Phew
Our Likeness

Mute / Traffic（1992/2023）

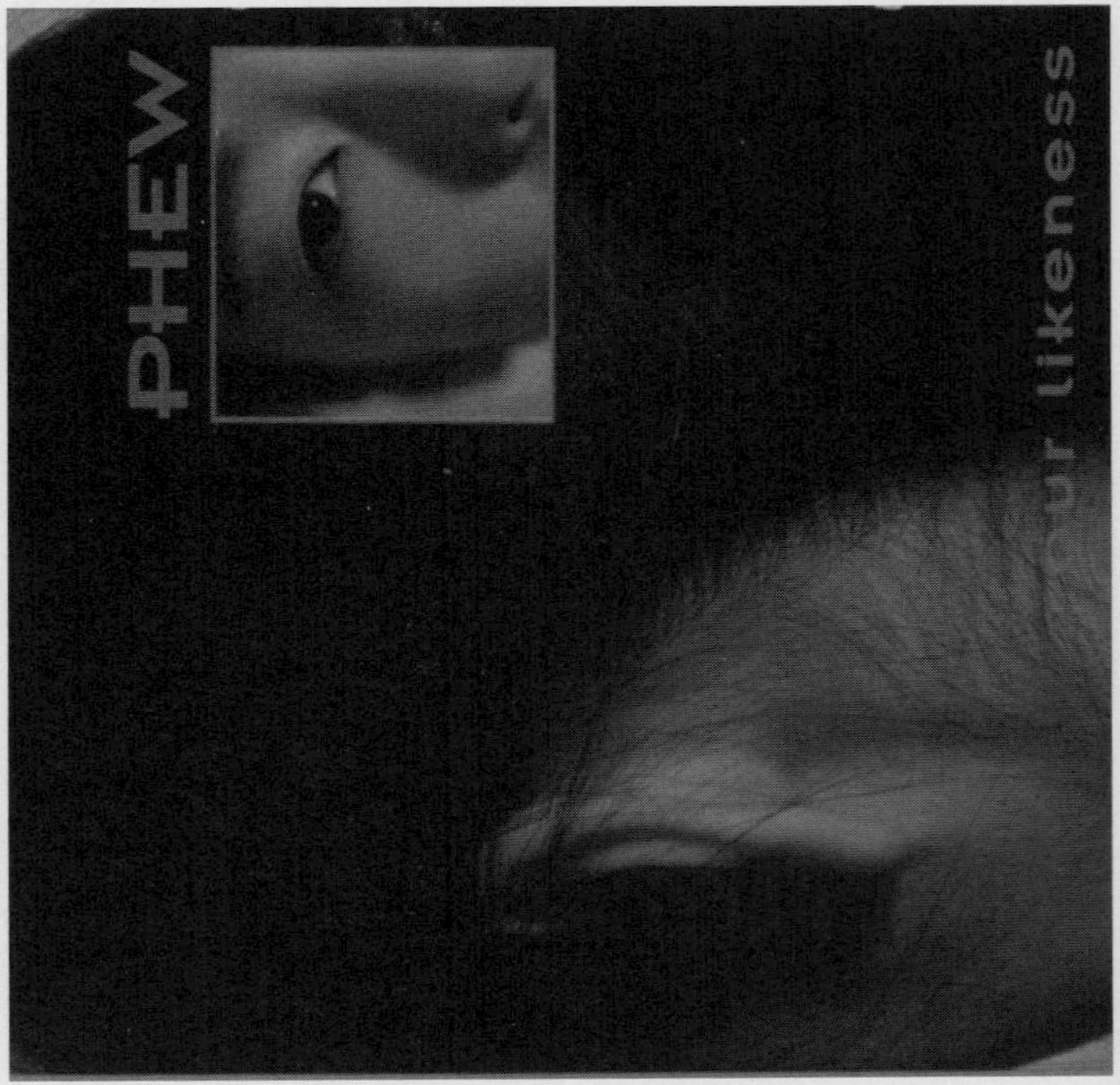

Phew
New Decade
Mute / Traffic（2021）

『Voice Hardcore』によって、海外ではエレクトロニック・ミュージシャンとしての認知度をいっきに上げたPhewによる、ひとつの頂点と言えるアルバム。楽器としての声は、ここでは電子音たちといっしょに曲を構成する一要素としてあるが、時折それは歌としての輪郭も見せる。音像が、暗いなかをキラキラ美しく揺れ動く〝Snow And Pollen〟で幕を開けるこのアルバムは、まるでタルコフスキーの映画にでも出てきそうな、深い地下道の暗闇のなかでこだまする音響が展開されている。〝Into The Stream〟は、まさに嵐の予感に満ちた曲だが、じっさい2022年は嵐のような1年になった。ダーク・アンビエントにはじまり、曲の途中からリズムマシンが走り出す〝Doing Nothing〟を聴いていると、何かを成し遂げるために何もしない、何もしないのに躍動している、いわば禅のような感覚に包まれる。

Phew
Our Likeness
Mute / Traffic（1992/2023）

エクスペリメンタル・ヴォーカリストとしてのPhewのパファーマンスとクリスロ・ハース、アレキサンダー・ハッケ、ヤキ・リーヴェツァイトらによる、ファンクを基調とした躍動感あるサウンドが融合する。セッションして作ったからなのだろうか、クラウトロック的実験性をもたせながら、起伏に富んだ曲調の全11曲にはリズミックな冒険に満たされいて、素晴らしくグルーヴィーな瞬間さえある。

3拍子の表題曲〝Our Likeness〟は後期CANのダブ空間にも近いが、ポスト・パンク的なフリーキーさを持ったインダストリアルなテクスチャーとPhewのヴォーカリゼーションが曲を別次元に導いている。激しいノイズ・ロックの〝Being〟は喩えるなら『ゼロ・セット』のパンク・ヴァージョンで、マイルスの『オン・ザ・コーナー』と繋がっているダウンテンポの〝Like Water And Water〟ではクリスロがサックスを、ハッケがピアノを弾いている。〝Glitter Of Night〟も面白い構造とリズムをもった曲で、Phewのウィアードな日本語ヴォーカルがその空間に伸び伸びとこだまする。

アルバム冒頭の〝The Last Song〟とレコードではB1にあたる〝Smell〟は、日本的な間合いの取り方とロックの即興演奏（そしてクリスロの電子音）とを融和させたような曲で、これら静寂と騒音が交錯する空間で、Phewの日本語によるヴォーカリゼーションはよりウィアードに際だって聴こえる。ゆっくりと、しかし荒々しく突撃する〝Depth Of The Forehead〟に続いてはじまる〝Our Element〟は踊りたくなるグルーヴィーなファンク・サウンドだが、ここでもPhewは独自の歌によってこの疾走感をさらに魅力あるものにしている。〝Expression〟は『ゼロ・セット』やノイバウテンとも隣接するジャンク・ファンクで、最後に曲は撹拌されノイズと化している。〝Spring〟や〝Ocean〟のような曲を聴いていると、クリスロが関わっていた80年代後半の〈Mute〉の看板バンド、クライム&ザ・シティ・ソリュージョンをついつい思い出してしまうのだが、それというのも、彼らがひとつのバンドとして結束力を高めていたからだろう。

1992年1月から3月、ケルンのコニーズ・スタジオで録音されたPhewにとって3枚目のソロ・アルバムが彼女のカタログのなかでも傑出した1枚となったのは、Phewのヴォーカリゼーションの醍醐味をよく理解していた創造的なミュージシャンたちとの共同作業ということも大きかったのだろうが、もしくはその逆で、CANやコニー・プランクが関わった70年代ドイツの前衛的なロックの魅力をよく理解していたPhewが、クリスロ・ハースとともに、それをみごとにアップデートするよう（無意識のうちに）うながしたとも言えるのではないだろうか。1992年と言えばロックのモードがダンス・カルチャーと接続した真っ只中で、価値観の揺らぎが激しかった時代でもあったが、そうした背景から切り取られたうえでいま聴く『Our Likeness』はじつに新鮮に感じられる。再発盤は2月17日発売。

About Phew
生きることを肯定する、言葉の得も言われぬ力

文：細田成嗣
written by Narushi Hosoda

Phewさんの言葉には得も言われぬ力がある。強い主張を掲げているだとか、扇動的な物言いをするだとか、そういうわけではない。言葉の力をもって人びとの感情を動かそうとしているわけでもむろんない。むしろぼそっとこぼした一言が、ずっしりと重く、ときには未来を照らす光のようにも聴こえてくるのだ。

そのことを特に感じたのは新型コロナウイルス禍に見舞われて半年ほど過ぎた2020年夏、ソロ・アルバム『Vertigo KO』のリリースに合わせて取材させていただいたときのことだった。いまもなお続く未曾有のパンデミックに直面して間もない当時、いわゆる音楽業界では主にふたつのテーマが盛んに議論されるようになっていた。ひとつはリモート・コラボレーションの実践。もうひとつはライヴ・エンタテインメントの支援である。これらは実際のところ切り離された別々の問題ではなく、同じ問題を異なる位相から捉えたものではある。前者のリモート・コラボレーションについてはライヴ・スペースの休業が相次ぐなか、感染拡大を防ぎつつ表現の場を模索する試みであると同時に、それ以前から存在していたテクノロジーにあらためて注目し、リモートという制約／条件を逆手に取ることによって新たな実践に進む契機ともなった。しかしリモート・コラボレーションが定着することで浮き彫りとなったのは、決してフィジカルな空間をそのまま代替できるものではないということでもあった。

そこで後者のライヴ・エンタテインメントの重要性にあらためてスポットが当たる。しかしことはそう単純ではなかった。ライヴ・エンタテインメントの維持／存続のために、なぜフィジカルな空間でイベントを開催しなければならないのか、その必要性に関する説明を迫られることも多かったからだ。その結果、「自粛と補償はセット」というスローガンに象徴されるように、ライヴ・エンタテインメントを維持／存続させることは業界に従事する人びとの生活を経済的に守ることである、ということが繰り返し主張されることになった。このこと自体はまったく正しい。だがインディペンデントでオルタナティヴな音楽に関わりを持つ人びとは次のような割り切れなさを感じることも少なくなかったのではないか。すなわち、そもそも経済的な利益を得ることを第一の目的として音楽に関わっていないことも多いのであって、ときには身銭を切って赤字覚悟のイベントをおこなうこともあり、場合によっては、休業状態が続いた方が経済的には豊かな生活を送れる可能性もあるだろう、と。とりわけマイナーで小さな規模の音楽は、経済的な意味で必要か否かを考え

るなら、多くの場合、不要不急と括られてしまう活動でもあるのだ。しかし、いままさに生き延びるためにライヴ・エンタテインメントを守ろうとする人びとを前に、不要不急の音楽をどう肯定すればよいのだろうか。

音楽とは突き詰めると不要不急の活動でしかなく、より正確には、必要／不要という問いの彼方で肯定していかなければならないのではないか。Phewさんに取材させていただいたのは、そうしたことを考えあぐねていたときだった。それで、現場でライヴができないことは経済面以外でも悪い影響がもたらされていると感じるかどうか尋ねた。するとPhewさんは、このように語ってくれたのである。

「それはそうですよ、だって私、やっぱりライブでなにが一番好きだったかと言うと、会場にいるということ自体が好きだったんですよね。それは自分が演奏することよりも好きだったかもしれない（笑）。隅っこの物販で座っていて、そこにいる人たちを眺めているのがとても幸せだったんです。

みんな酔っ払っていて、名前は知らないけど顔は知っている、そういうライブでしか会わないような人たちと喋ったりするのが幸せだったんです。だからそういう場所がなくなってしまうというのは大きいですよね。お互いのプライヴェートは知らないけど、なんだか音楽が好きなのはわかっていて、会ったら話すみたいな、そういうライブやクラブならではの緩くて自由な人間関係が、自分にとっては大切でしたね。

それがなくなってしまって、すごく今孤独に苛まれています。そういうものがあったから、酷い世界でもなんとかやっていけたんだと思うんです」（「Phewが語る新作『Vertigo KO』、音と向き合うこと、コロナ禍」『Mikiki』）

Phewさんは「（ライヴで）会場にいるということ自体が好きだった」とさらりと語ってくれた。経済的な理由でも、音楽は生演奏に限るといった現場主義の話でもなく、端的に会場にいることを肯定してくれたのだ。それは目の前を生き延びるためにライヴ・エンタテイメントが必要だというよりも、それとともに人間が生きていることそのものを肯定するような、遠い未来をも見据えた言葉としてわたしは受け取ったのだった。Phewさんがそのような視点から語ってくださったのは、業界としてのライヴ・エンタテインメントと決して無関係ではない立ち位置にありながら、同時に業界からは自由な活動を続けてきたからだろう。だが、それだけではないように思う。同じ取材でPhewさんは「アルバムを作るというのは新たな時間と未来を作り上げていく作業」とも語っていた。つまりPhewさんは40年以上にわたって未来を作り続けてきたのだ。だからあのときも、これから来るだろう世界を見据えた言葉を授けてくれたのではないだろうか。

interview

Lorain James

性を持ったエイフェックス・ツインという解釈は、
１００％賛同しませんが、気に入ってます。

interview

Lorain James

文：ジェイムズ・ハッドフィールド
written by James Hdfield
訳：江口理恵
translated by Rie Eguchi
写真：小原泰広
photos by Yasuhiro Ohara

昨年の『Reflection』を聴いて、ロレイン・ジェイムスが次に何をするのかを想像するのは難しかった。

２０２０年、最初のCOVIDロックダウン中にブラック・ライヴズ・マターの抗議運動が世界中で勃発するさなかに制作されたこのアルバムは、怒りに満ちていながらも傷つきやすく、ソフトだがハードで、不安定なＵＫドリルとグライムの影響と、軽快なＩＤＭリズムとメランコリックなＲ＆Ｂを混ぜこぜにしたようなコントラストの強い作品だった。

ジェイムスが選んだのは、明確に前方に進むことよりも横の方へ動くことだった。今年は2作のアルバムを発表したが、どちらも〈Hyperdub〉からリリースされた前2作のフルアルバムとは全く継続性のないものだ。4月にリリースされた彼女の別名義を冠したデビュー作『Whatever The Weather』は、これまでの作品を通して顕著だった明るさやエアリーなテクスチュアが前面に出され、彼女が〝アンビエント志向〟と説明するビート不在のトラックが並ぶ。

10月にはさらに興味深いプロジェクト『Building Something Beautiful For Me』が出され、今度はジェイムスが自身の名前で故ジュリアス・イーストマンの音楽を再解釈している。10年前まではほとんどの人がイーストマンという黒人でゲイであることを公表していた作曲家の名前を知ることはなく、１９７０年代に光る活動をみせはしたが、１９９０年には49歳でホームレスとして孤独に亡くなり、その作品は事実上忘れ去られてしまっていた。

レガシーを取り戻そうという努力のおかげで、イーストマンはいまようやく報われているわけだが、〝Stay On It〟や〝Femenine〟のような代表作に馴染んでいるリスナーでさえ、ジェイムスがしたことには驚くに違いない。彼女はトランスクライブされたMIDI

いまでもクラブ・ミュージックから大きな影響を受けることはそれほどなくて、2~3年前までと違ってあまり自分を刺激してくれるものではなくなりました。COVIDが変えたのかもしれないけど。

のステムとイーストマンの兄弟から提供された秘蔵音源を使ってテクノ＝クラシックが陥りがちなリスクを回避するかわりに、同じ黒人でクィアのクリエイターの人生と音楽に対する個人的でとても深い回答を構築しているのだ。

ジェイムスは11月に来日し、東京と大阪にて深夜のクラブでの公演を行うと同時に、Whatever The Weather名義のショーも行った。

――ロックダウンが終わり、一般的にはよりアップテンポなパーティ・ミュージックが好まれる傾向にあるようですが、今年あなたがリリースしたものはその逆を行っている気がします……。

ロレイン （笑いながら）どうでしょう。皆が『Reflection』をロックダウン・アルバムと呼ぶのだけど、『Whatever The Weather』も『Reflection』と同時にロックダウン中にやったものです。さらにこのジュリアス・イーストマン作品もたしかUKが再びロックダウン中の昨年12月にやったものだし。結局全部にある種のロックダウンのヴァイブスが宿っているのかも。ロックダウン中はどこのクラブも閉まっていたのであまりクラブ・ミュージックを聴いていなかったし、いまでもクラブ・ミュージックから大きな影響を受けることはそれほどなくて、2~3年前までと違ってあまり自分を刺激してくれるものではなくなりました。COVIDが変えたのかもしれないけど。

――大がかりなPAで聴くと迫力が違うのでしょうね。

ロレイン ああ、絶対違いますね。さらにライトの点滅でクレイジーなイリュージョンが創り出されるし。自分でも演奏がかなり速くなるのを感じます。いまは世界的にドラムンベースが流行っていて皆150、160（BPM）でプレイするでしょ。私が〝Glitch Bitch〟（19年のアルバム『For You and I』より）をやるとき、普通は130だけど、すごく遅く感じてしまい、140とか145でプレイしま

いまは世界的にドラムンベースが流行っていて皆１５０、１６０でプレイするでしょ。私が〝Glitch Bitch〟をやるとき、普通は１３０だけど、すごく遅く感じてしまい、１４０とか１４５でプレイします。

す。不思議だけど、いまの自分には本当に遅く感じて、より速く、ときには少しハードにプレイしていることに気付きます。たまにセットを急ぎすぎて途中でスローダウンしなくてはならないことも。

――『Building Something Beautiful For Me』についての多数のレヴューを読みましたが、アルバムの制作過程について踏み込んでいる人があまりいなかったので、どのような感じだったのか解説していただけますか？

ロレイン　そうですね。わかる人もいたし、わかっていない人もいたような感じかな。私としてはアルバム・タイトル自体がすべてを語っているのですが。イーストマン作品を忠実に再現するだけでは意味がないと思ったし、それは私がやることではない。なぜなら退屈だからです。『Building Something Beautiful For Me』（私のために美しいものを作る）というタイトルにしたのも、私の解釈だからだし、レコードを作るための多くの実践的な訓練を要したから。それをインスパイアしてくれたのが何十年も前の誰かによるものだったということです。勿論他の人の作品だから不敬なことはしたくないと心配はしました。ただ他のロレイン・ジェイムス作品とは明らかに違う発想で取り組んだし、自分としてのレガシーみたいなものはこの作品にはないので、そこはおおらかな気持ちでいられました。

――最初にこの作品を聴いたとき、あなた自身が凝縮されたものだと感じました。そこにどれだけジュリアス・イーストマンも入っているのかを聴き分けるためには注意深く聴く必要がありました。このアルバムを通して聴こえてくるのはあなたの声の方ですね。

ロレイン　そうそう。まるまるジュリアス・イーストマンのトラックを入れてそこにビートを加えるというようなことはしたくなかった。一度だけ試したんだけど、すごい嫌悪感で！「嫌だ。これはできない！」って。私がやったのはもう少し繊細な、違うやり方で再生してみたような感じです。DAWにポンと入れるだけというのは何か違う気がしてやりたくなかった。

——最近、ロンドンのクイーン・エリザベス・ホールで、ロンドン・コンテンポラリー・オーケストラとアルバムを演奏しましたね。どのような準備をされたのですか。

ロレイン　当初は私一人の予定だったのが、「4人編成はどうですか?」と提案され、それがなぜか15人まで増えたのです。オーケストラのベンとサシャの二人に私が手掛けたジュリアス・イーストマンのAbletonプロジェクトを一式送ったら、1週間もしないうちにすべてのミュージシャン用に書き起こしたものを送ってきました。ものすごい早さでヴァイオリンやチェロ奏者用のものを作ったのです。彼らはさらに私が持っていたMIDIの楽器をもとにAbletonのセッションをまるまる作ってくれました。私はこれらのプロジェクトをやってから一度も見返したことがなかったことにストレスを感じていました。アルバムを作ったのが2021年の12月だったので、どのシンセの音を使ったのか再捜索しなければならなくて。Novation Peakを使用しているので、それまで外部のハードウェアを使ったことがなかったし。制作中にはこれをライヴで演奏することを考えていたわけではなかったけど、ラッキーなことにシンセの写真を撮っていたのでスマホを見るだけで特定できたのです。私の方が彼らと一緒にやることで、しっかりやらなければとストレスを感じましたよ。彼ら15人と私のセッションは3時間を2回やっただけで、彼らはすぐに出来てしまうんです。最初のセッションの後には私もだいぶリラックスできて、当日はあっという間に終わってしまい、あと1時間は長くできたのではないかと感じました。最後の曲になるまで実感が湧かず、ああ、あと20秒で終わりかと……。

——彼らと一緒に演奏しているうちに、音楽が予想外のものに変化したのでしょうか?

ロレイン　そう、たしかに豊かな響きになっていました。私の方でより彼らとコネクトできたのかもしれないですね。これは私のプロジェクトではなく、私とLCO（ロンドン・コンテンポラリー・オーケストラ）が一緒にステージを共有している感じでした。だから余計に安心できたのかな。なんだか家族的なものを感じました。このアルバムを見る目も変わりました。正直なところ、オーケストラ・ヴァージョンの方が好きかもしれません。ヴァイオリンやその他でより良い音になっていると思います。

——コンサートの反響はどうだったのですか?

ロレイン　それがね、お辞儀をするのを忘れてしまい、ステージから走り去ってしまいました！　でも本当に楽しかった。メアリー・アン・ホッブスも来ていて、実は一度も会ったことはないのですが、彼女は最初から私を応援してくれていました。私の家族もいたし、母親、大学時代の親友たちなんかも。すべてが健全で好ましく、間違いなく私の人生のなかでも最高の夜のひとつでした。

——アルバム制作の過程において、ジュリアス・イーストマンの人生の物語がご自身の体験と重なったり、共感できたりした部分はありますか？

ロレイン　時々、違いのようなものを感じることはありました。まず時代背景がかなり違うし、彼はアメリカ出身で人種差別や同性愛嫌悪はUKとは異なるからです。もちろん共感できる部分もありますが、出来ない部分も多いです。人は簡単に共感できるのではと思いがちだけど、私は必ずしもそうとは思いません。

——最近のロンドンの『イヴニング・スタンダード』紙のインタヴューで「ゲイであることが奇妙な時代」で、「物事が極右化している」と話していますね。私は7月にUKに戻ったのですが、私が話した多くの人が国の方向性にかなり不満を抱いていました。

ロレイン　そう、毎日のようにクィアの権利を剥奪するとかジェンダー政策を強化するとか、他の人には迷惑を及ぼすわけでもないようなことを取り締まろうとしている話を聞きます。国は本当に不安定。もしあなたが1月にこれを言っていたら、私は冗談だと思ったでしょう。すべてがあっという間に破綻し、誰も追いつくことができません。正直言っていまの首相のリシ（スナク）も長くは続かないと思う。私たちは皆、再度の総選挙を望んでいると思うけど、この国を信じることができないから、正しい投票ができる気もしない。キア・スターマー（野党党首）もある意味使えないし、誰も選ぶことができないんです。この冬は多くの人にとって憂鬱なものになりそう。どんなニュースがもたらされる

まるまるジュリアス・イーストマンのトラックを入れてそこにビートを加えるというようなことはしたくなかった。一度だけ試したんだけど、すごい嫌悪感で！「嫌だ。これはできない！」って。

か恐れています。多くの人、とくに高齢者が苦しんでいると聞くし、全くいいことはなさそうです。

——そのような状況にどう対応すればよいのか、私にはわかりません。

ロレイン　いやいや！（笑いながら）誰にもわからないですよ。

——あなたはそのようなことでやる気が出るのか、それとも生気を吸い取られるような感じになりますか？

ロレイン　両方を少しずつ、かな。5分おきにBBCニュースをチェックする日もあれば、終日ヴィデオ・ゲームをして現実の世界を直視しない日もあります。もちろん、他の場所でプレイするような日には、そのようなことをすべて無視した方がいい。でも、極右化のようなことはイタリアなど他の多くの国でも起こっていて、どこへ行ってもその国のことを訊くと、同じようなことを言います。絶対にUKだけの問題ではないし、他の所の方がより気が滅入ることなのかどうかもわからないけれど。

——あなたは音楽のなかでご自身の不安や、クィアの黒人女性としての経験について、かなりオープンにしていますよね。曲にそのような感情や経験を込めるのは、力が湧いてくるものなのか、それとも恐ろしいものなのでしょうか？

ロレイン　その両方ですね。以前は音楽に感情を入れることはなかったけど、『For You and I』で少し入れて、『Reflection』以降は入れるようになった。ある種のセラピーのように感じています。私は話上手ではなくて多くの感情を封じ込めてしまうので、曲のなかでフレーズを繰り返したりすることで自分の感情をコミュニケートすることができます。それをやると気分がよくなります。

——そのような曲がきっかけで、ご自身が発信しなければ話すらしなかった他の人と会話をするようになったことはありますか？

ロレイン　ありますよ。〝Self Doubt (Leaving the Club Early)〟はたしかに何人かがコメントをしてくれた曲です。実際、私はクラブから早く帰ることが多いし。自分のプレイが終わるとすぐに出てしまいます。なぜかいろいろなことが気になりすぎて。「観客は私よりもこの人の方に反応している」とか、「いまは本当にハイエナジーな雰囲気だけど、自分のセットではそんなにエネルギッシュになれないから合わせられない……」などと。いろいろなことが頭をよぎるんです。

——興味深いですね。私の友人でライヴに行くと必ずバンドの所まで行って話しかける人たちがいるんですよ。

ロレイン　ああ、私にはできないな（笑）！

——私も「彼らは自分と話したくないだろうな。話しかけても気まずいだけだな……」と思ってしまいます。

ロレイン　そうそう。私もグリーンルーム（楽屋と舞台の間の出番待ちのスペース）で座っているときも本当に気まずい。正直いうと、考えるのも嫌なぐらい！

——アルバムの話に戻りますが、私が夢中になってしまった曲のひとつが〝Enfield Always〟なのです。イーストマンの曲が元になっているのかどうかもわからないのですが。

ロレイン　（笑）みんなあの曲のことを話していますね！

——あのドラムですよ！　ドラムが入ってくると毎回「クレイジーだ！」と思うんです。

ロレイン　それは驚きです。MIDIで入れたときに「ああ、これはMIDIらし過ぎる……」と感じてみんなが嫌がるだろうと思いました。あの曲にはジュリアス・イーストマンのサンプルは入っていないから〝Enfield Always〟が好きと言われるのに驚いています。あれは、自分のことをタイトルにしました。私はエンフィールド（ロンドン北部）出身で、初期のインスピレーションはマス・ロックやポスト・ロックなど。10代の自分のことのようなものなので、〝Enfield Always〟と名付けました。

——それは失礼しました。みんながあの曲に夢中とは予想外でした。

ロレイン　そう、あなただけではないんですよ！

——〝My Take〟についても教えてください。この曲の喋りのヴォーカルでは、あなたの思考の過程を説明しているような感じですが（With this record, I just need to do something like this, just channel something different/このレコードでは私はこのようなことをやるべきだ。何か違うチャンネルを）、理由はわからないけど、ミッシー・エリオットのファースト・アルバムのイントロとアウトロ・トラックを思い出します。

ロレイン　（笑）あの曲のヴォーカル部分はちょっと恥ずかしい。自分の声を聴くのが苦手なのです。あの曲をあそこに置いたのは、途中でピッチが大きく変わるのですが、ジュリアス・イーストマン作品にインスパイアされたものではああいうのは予想外だろうと思ったからです。ピッチ・シフトは私がよくやる手法ですし。そう、あれは面白いトラックではありますよね。

——あのような手法でリスナーに認知させるのは効果的だと思いますか？

ロレイン　そうですね……私はときにはただ録音ボタンを押して降りてくるものを使うこともあるので。〝My Take〟では、これが好きな人はクールだし、好きではなくてもクールだと言ったのです。そこは気にしていません。大丈夫！　と

5分おきにBBCニュースをチェックする日もあれば、終日ヴィデオ・ゲームをして現実の世界を直視しない日もあります。でも、極右化のようなことはイタリアなど他の多くの国でも起こっていて、どこへ行ってもその国のことを聞くと同じようなことを言います。

くにイーストマン作品の大ファンの人は、ビートありでピッチが変わり、ひどいヴォーカルが乗ったものを聴くことになるので、「何?」ってなるかもしれませんから。そこは理解しています。だからあのように言ったわけです!

——アルバムについてもうひとつ驚いたのが、ご自身で他のインタヴューでも言われたように、イーストマンの音楽には本当の激しさがあるのに、貴方のアルバムには全体的に静寂さがありますよね。

ロレイン　私が作る音楽は、ふつうはクレイジーなビートが好きだけど、同時に落ち着きのあるものも好きで入れています。理由はわからないけど、ずっとそうでした。たぶん、物事の並置が好きなのかもしれない。ジュリアスに関しても、そこに心が奪われたのだと思います。

——あなたの作品には、かなり洗練されたエレメントもあれば、ファーストテイクや必ずしも完璧に録音されたものではない、生々しいものもありますね。

ロレイン　いつもそうなんですよ。デモが一番自分の気持ちに近いというか。デモを録音して何週間も聴き続けると、それがどんなにガサガサしたものであろうとその響きに慣れてしまうんです。だからリテイクをするのが大変です。ファースト・テイクは常に生々しいもので、やり直すとその真正性がある意味失われてしまう気がするのです。

——でも、IDM(インテリジェント・ダンス・ミュージック)でもそうですね……必ずしもあなたがやっていることがIDMだと言っているわけではないのですが……(笑)……ジャンルとしては作り込み過ぎ、考え過ぎになりがちなところがありますよね。

ロレイン　磨き上げすぎたものは嫌いで、おそらくそれは10年前にBandcampでたくさん聴いていたマス・ロック・バンドから来ているのかもしれません。それらの多くが自宅のガレージで録音するようなDIYなバンドだったのですが、たまに1~2年たってからBandcampで得たお金で再録音し、すごくクリーンな音になっていることがあって。それが嫌いでした！　「あの元の録音を返してよ」と思っていました。ラフなテイクの方が私にはベストだし、自分が作る音楽にも反映させたい。もちろん磨いたものもときには必要ですけどね。

――マス・ロックへの執着の根源は何だったか考えたことはありますか？　とても奇妙なジャンルですよね？

ロレイン　たしかに変わっていますよね。どのように出会ったかわからないのだけど、十代の頃、ロックをたくさん聴いていました。トゥー・ドア・シネマ・クラブなんかのインディーズ系、そしてもちろんパラモアも。当時ＵＫで超ビッグだったフォールズも通ったかな。

――そうそう、とくに彼らのファースト・アルバムはすごくマス・ロックぽかったですね。

ロレイン　それからYouTubeでＴＴＮＧやtoeに出会ってこの道に入り、ドン・キャバレロ、ＬＩＴＥ、マウス・オン・ザ・キーズなど。いつも欠かさずLast.fmもチェックして、似たような、何というか相性のよさそうなアーティストたちに夢中でした。何かを聴いたときに次に何が来るのかわからないようなものが好きですね。まるでゲームみたいで。そういったチャレンジ精神が本当に好きなんです。たまに挑戦しすぎのものもあるけど、大抵の場合、とても好きです。

――そういうのが好きで、エイフェックス・ツインも好きというのは、そんなに遠くないのかもしれないですね。ある種の共通点があって。

ロレイン　まさにその通りです。エイフェックスやスクエアプッシャーは次の動きがまったくわからないでしょ。マス・ロックとＩＤＭは絶対その点で結びついていると思う。

――Bandcampの『Reflection』のページで、「これは性（sex）を持ったエイフェックス・ツインだ」と誰かがコメントしているのを見ました。

ロレイン　そうそう（笑）！　私もそれを見たことある。いえ、１００％賛同しませんが、気に入ってます。

Loraine James Selected Discography

文：小林拓音
written by Takune Kobayashi

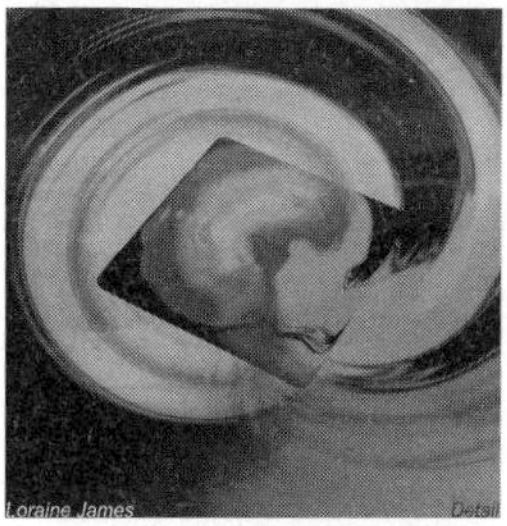

Loraine James
Detail
Fu Inle（2017）

記念すべきデビュー・アルバム。きれいな旋律と浮遊的なヴォーカルはすでにこの時点で彼女のアイデンティティとなっている。ラッパーの起用もしかり。逆にシンプルな４つ打ちの曲はいま聴くと意外でかなり新鮮。これを聴いたオブジェクト・ブルーが〈Hyperdub〉にジェイムズをリリースするよう促し、その後の道程を拓くことに。

Loraine James
For You And I
Hyperdub / ビート（2019）

初っぱなの出音から持っていかれる。〈Hyperdub〉からの初のフルレングスにしてブレイク作。ドリルンベース、グリッチ、ラップ、声ネタ、流麗なメロディ、たゆたうヴォーカルの特異な組み合わせは、ＩＤＭが白人の独占物ではないことをみごとに証明。二枚重ねの高層公営住宅の写真は、そんな彼女がどこから来たのかを物語っている。

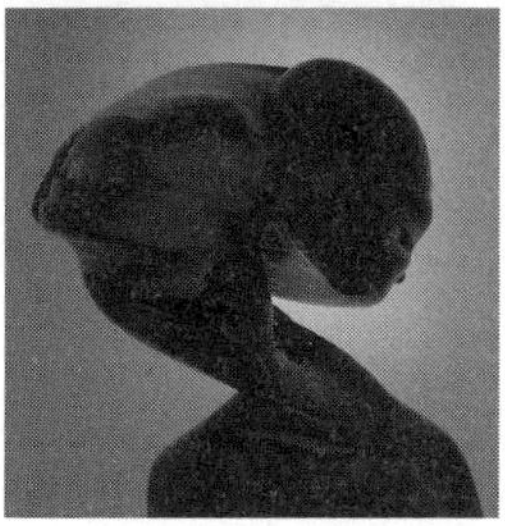

Loraine James
Reflection
Hyperdub / ビート（2021）

大いなる称賛を手にした〈Hyperdub〉からの2作目。じっさい音響、リズム、展開、間の使い方、ラッパーのかませ方など、格段に構成力が向上している。ＵＫＧもドレクシアもＲ＆Ｂもチップチューンも独自に咀嚼、とくに存在感が大きいのは（一見ＩＤＭとは無関係に思える）ドリルだろう。その融合にこそ彼女最大のオリジナリティがある。

Whatever The Weather
Whatever The Weather
Ghostly International / PLANCHA（2022）

天気をテーマにしたアンビエント・プロジェクト。もろにスクエアプッシャー愛が炸裂している曲もあるが、基本的にはノンビートで、ただただ美しい旋律と音響がわれわれの日常空間を満たしていく。全体的にひんやり感がある一方で、ジャズっぽいコードのおかげか、不思議なぬくもりをまとってもいる。来日公演もすばらしかった。

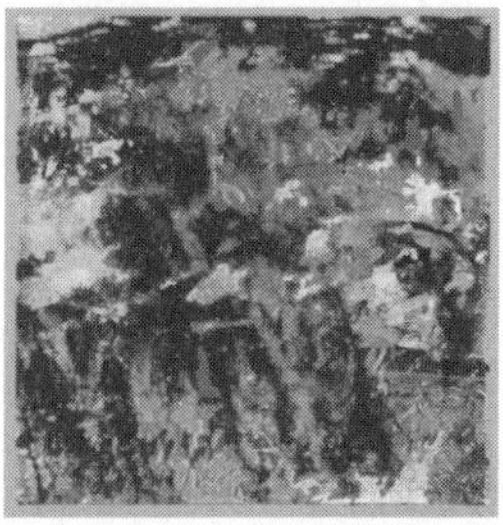

Loraine James
Building Something Beautiful For Me
Phantom Limb / PLANCHA（2022）

90年に49歳で亡くなったＮＹの不遇の黒人ゲイ前衛音楽家ジュリアス・イーストマン（アーサー・ラッセル率いるダイナソーＬの作品にも参加）に捧げるオマージュ。『Reflection』最終曲を引き継ぐタイトルからもわかるように、ジェイムズ自身の個性を発揮しながらこれまでとは異なる手法で唯一無二の美にアプローチ。ライヒ風の曲も。

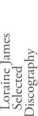

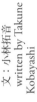

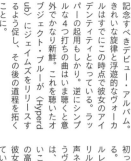

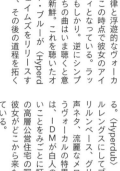

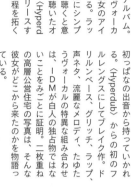

タワレコトーキョー

New Phase of Electronic Music 50

2020年代エレクトロニック・ミュージックの必聴盤50選

——今後の電子音楽の方向性を決定づけるかもしれない、
ここ数年の注目すべき作品をアルバム／シングル問わずピックアップ

選・文：　髙橋勇人、三田格、河村祐介、yukinoise（YN）、デンシノオト、
ジェイムズ・ハッドフィールド（James Hadfield：JH）、野田努、小林拓音

rRoxymore
Perpetual Now
Smalltown Supersound (2022)

1

マーク・エルネストゥスによってダブ性が強調された『Face To Phase』（19）も話題となったハーマイオニ・フランクによる2作目。「ベース・ミュージックは進歩してるのにテクノやハウスはこのところ保守的」と批判してきた彼女が抽象化させたミニマル・ハウスの新たな一歩。"Fragmented Dreams" はマッド・マイクが『A-I』シリーズに降臨したかのよう。（三田）

Ripatti Deluxe
Speed Demon
Rajaton (2022)

2

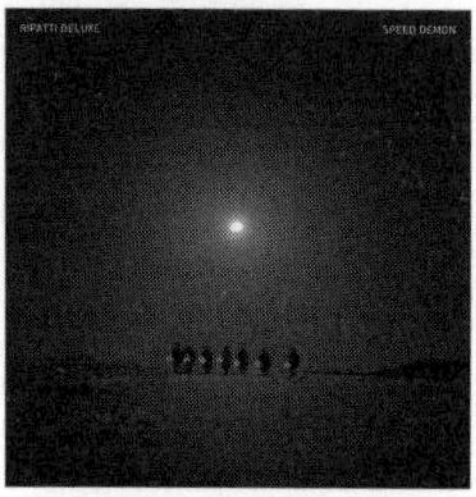

不穏な空気に満ちたコロナ禍のなか、ヴラディスラフ・ディレイことサス・リパッティが生み出したエレクトロック・ミュージックのミュータント。「アーリー・レイヴとハッピー・ハードコア」からインスパイアされた本作は、未知の民族音楽のごとき祝祭感と、都市の喧騒がミックスしたかのようなハイスピードでカオティックなサウンドを展開する。アルバム・タイトルも最高。（デンシ）

Roméo Poirier
Living Room
Faitiche (2022)

3

ミニマムな音の断片をループさせることで、新しいアンビエント・ミュージックを生み出す才人の22年作。今作では防水スピーカーやハイドロフォンなどを用いて録音したバスタブの音も導入しているが、ノスタルジックなムードのサンプリング音とのマッチングも抜群。奇妙さとチルの共存という既存のアンビエント・マナーに収まらないサウンドスケープは、この人ならでは。（デンシ）

Shygirl
Nymph
Because Music (2022)

4

ロンドンの気鋭コレクティヴ〈NUXXE〉発のシンガーはダークネスにポップスを挑発する。デジタル化するいまを生きるなかで見出した多面性をヒップホップやR&B、UKならではの持ち味を残したエレクトロニック・サウンドで実験的に体現。アルカやムラ・マサなどといった強力なプロデューサー陣も集結し、彼女が次世代のディーヴァとなることを予感させた。（YN）

E.O.U
estream
PAL.Sounds (2022)

5

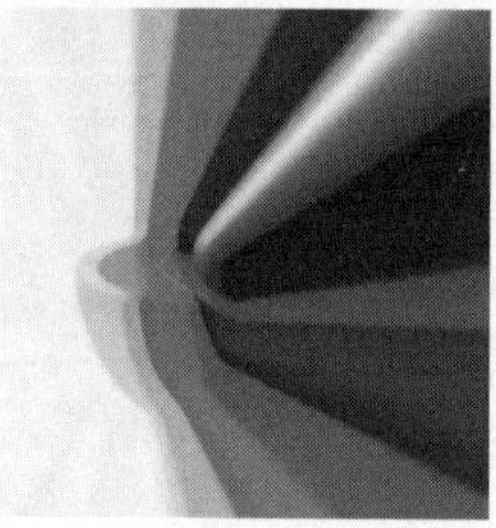

音ギャングを自称する若手DJ・トラックメイカーのエモーショナルな1stアルバム。ハイパー以降のジャンルレスにエンパワメントし合う潮流との出会い、新世代のヒップホップからレイヴ、ローカルな小箱まで自由自在にクラブ・シーンを行き来する彼が現場と日常で培った感性を内省的に捉えた。心地よくも力強いこのサウンドはハイパーアンビエントと言うべきか。（YN）

6

Kazufumi Kodama & Undefined
2 Years / 2 Years in Silence
rings (2022)

この国のダブのベテラン、こだま和文と、〈ZamZam Sounds〉などからもリリースするドラム＆エレクトロニクスのダブ・デュオ、アンディファインドのコラボ・アルバム。両者の圧倒的なミニマリズムの果てにたどり着いた「間」にダブの美学。A面のオリジナル、B面はダブでもアンビエントでもない、最小の音とトランペット、そしてその静寂に情緒が宿る。（河村）

7

Suzi Analogue
Infinite Zonez
Disciples (2022)

マイアミを拠点とするマヤ・シップマンは、ブラック・エレクトロニック・ミュージックの歴史性を確認する。本作は、16〜19年に発表されていたミックステープ・シリーズ『ZONEZ』4作からダンサブルな13曲を集めた編集盤。フットワークとジャングルの、海を越えたすばらしい結合は、まさに〝ブラック・アトランティック〟を暗示している。RP・ブーも参加。（小林）

8

Coby Sey
Conduit
AD 93 (2022)

内省は社会と直結している。移民の子孫が多く暮らすサウス・イースト・ロンドンのルウィシャムに育ったコビー・セイ（クウェズの弟でありミカ・リーヴィたちとおなじコミュニティに所属）は、トリップホップもミニマル・テクノもフリー・ジャズも同時に流れ込む河口で、困難な時代に向けたことばを紡ぎ出す。これは本来の意味におけるノイズであり、ゆえに希望でもある。（小林）

9

大山田大山脈
Zolpidem
帯化 / 造園計画 (2022)

音楽は薬であり、大山田大山脈は薬剤師である。このプロデューサーの向精神的なアンビエント作品はよく効く。とりわけ、人気のある睡眠導入剤から名づけられたサード・アルバム『Zolpidem』はそうだ。これは熱にうなされたときに見る白日夢のための音楽であり、ほこりっぽい表面やぐらぐらするメロディはザ・ケアテイカーや初期エイフェックス・ツインを想起させる。（JH）

10

Hi Tech
Hi Tech
FXHE (2022)

デトロイト新世代。オマー・Sのレーベルから送り出された、ミルフ・メリーとキング・マイロから成るデュオのファースト・アルバムは、フットワーク以降の感覚をとりこんだディープなゲットー・テックを響かせている。タフでありながらしなやか、どこか上品さも携えていて非常にロマンティック。最後にはトラップも披露。これからが楽しみな新星の登場だ。（小林）

11

Kode9
Escapology
Hyperdub (2022)

そろそろヴェテランと呼んでも差し支えないS・グッドマン。7年ぶりの新作は比喩ではなく最先端の音楽を探求している。自身のルーツたるジャングルからゴムやアマピアノまで、たんにトレースするのではなく独自に換骨奪胎。信じられないほどクールなビートが展開されるこれは、架空のゲームを介してスコットランドの歴史や政治に迫る、コンセプチュアルな作品でもある。（小林）

12

Kali Malone
Living Torch
Portraits GRM (2022)

ドローン音楽シーンで絶大な人気を誇る音楽家の22年作。前作『The Sacrificial Code』はパイプオルガンによるドローン作品だったが、この新作ではARP2500の電子音を基調に、トロンボーンなど管楽器を加えていく編成となっている。名門、仏GRMで作曲ということともあり、現代音楽とアンビエントの境界線で鳴っているような緊張感に満ちた音響を展開する。（デンシ）

13

TSVI & Loraine James
053
AD 93 (2022)

ロンドン拠点のTSVIとロレイン・ジェイムズによるデュオ作で、敏腕DJである前者のトリッキーなリズム感と、随一のライヴアクトである後者のメロディアスでグリッチーな感性が溶け合った傑作12インチ。ジャングルの暴力性が深淵で雫のように光るピアノが、クラブとベッドルームの境目を破壊する。DJツールでもある昨今のダンス・ミュージックの半透明な抽象画。（髙橋）

14

Mars89
Visions
Bedouin (2022)

東京アンダーグラウンドから漆黒の一撃。パンデミック下で制作された、彼にとって初のフルレングス。ダブやベース・ミュージックからの影響を徹底的にダークかつインダストリアルに表現。全体的に統一感がありながら1曲1曲はヴァラエティに富んでいて、独特の動きを見せるキックなど聴きどころ多し（まさかの4つ打ちもアリ）。都市生活者、労働者たちのための賛歌。（小林）

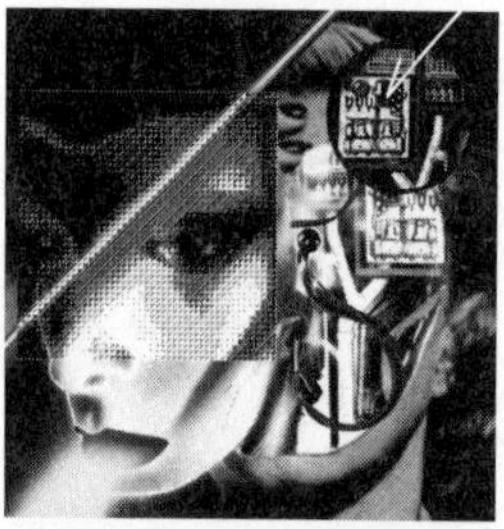

15

KMRU & Aho Ssan
Limen
Subtext (2022)

ケニア出身のアンビエント・アーティストとパリを拠点に活動を展開する電子音響アーティストのコラボレーション作品。10年代にエンプティセットなどをリリースし、先端の尖端を突き進んでいた〈Subtext〉からのリリースで、硬質なインダストリアル・アンビエントとなっている。両者の個性が融合しつつ、それぞれのソロ作品と異なる壮大な音響作品となっている。（デンシ）

16

Huerco S.
Plonk
Incienso (2022)

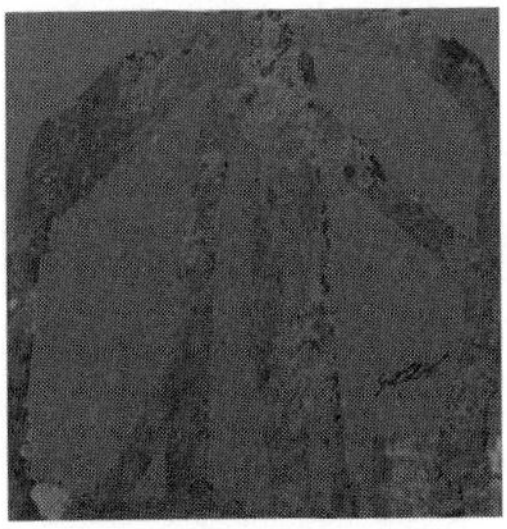

カンザス州エンポリア出身ブライアン・リーズのメイン・プロジェクト。ローファイなダブ・ハウスの初期作品、そしてダブ・アンビエントな前作を経ての、軽やかに躍動する、リズミカルでクリアなIDMへと変化した3作目。自身のレーベル〈West Mineral Ltd.〉や関係の深い〈3XL〉周辺とともに、実験的なダブ・アンビエント〜ベースの領域の台風の目的な存在。（河村）

17

claire rousay
sometimes i feel like i have no friends
Worm (2021)

日常に宿る感覚を、エモアンビエントと自身が呼ぶジャンル区分からエレクトロニクスとアクースティック・サウンドのミクスチャーと言葉で描く、LA拠点のクレア・ロウセイによるEP。人間関係に伴う痛みを謳うテキストが、涙腺を刺激するピアノやドローン、ストリングスとともに流れ、精神／身体のカタルシスとして我々に寄り添う今作は、彼女の名詞代わりの一曲。（髙橋）

18

J. Albert
Phase Portrait
Towhead (2021)

ギャラリー・Sやアンソニー・ネイプルズなどとともに、ここ数年のダンス・ミュージック・シーンで、間違いなくNYになにかがあると思わせてくれるプロデューサー。〈The Trilogy Tapes〉などからもリリース。アートコア・ジャングル、ベース、ジューク、テクノが卓越したリズム・アプローチのなかで溶け込み、緩やかに白昼夢のなかでふわりと行き交う。（河村）

19

Sewerslvt
we had good times together, don't forget that
Self-released (2021)

ブレイクコア／ナードコアの世界観を一気に拡張したスワスラットのラスト・アルバム。日本のアニメや陰惨な事件などを参照し、多くの炎上と多大なアンチを生んだ彼女だが、混沌としたサンプリング素材をソーシャル・メディアの傷跡のようにコラージュすることで、鬱と苦痛と快楽をサウンドに落としこんでいく手法の影響力は計り知れない。SNS時代の「傷」のような音楽。（デンシ）

20

aya
im hole
Hyperdub (2021)

ロフト名義で作品を発表していたロンドンのアヤ・シンクレアは、自身のクィアネスを音で表現する。本とダウンロード・コードのセットでリリースされた初のフルレングスは、ベース・ミュージックやテクノを大胆に解体。詩の朗読もまた重要な役割を担っている。サウンドもことばも自在にリズムや速度を変え、声はさまざまに加工されていく。変わることを、恐れるな。（小林）

耳中華
光のお店
傘 (2021)

21

20年代のインターネットに突如現れた正体不明の覆面アーティストによるピュアな遊び心に溢れた作品。ネットミームやゲーム実況動画などで使用される合成音声・ゆっくりボイスのヴォーカルが身近なユーモアを端的に綴り、とらえどころのない軽妙なトラックとともに不思議な魅力をもたらす。オタク・カルチャー発の動画コンテンツを突破し、新しい未来を音で紡ぎゆく。（YN）

Tirzah
Colourgrade
Domino (2021)

22

前作で脚光を浴びたUKのシンガーは、その2枚目においてさらなる深化を遂げている。親友ミカ・リーヴィがほとんどの曲をプロデュース（ディーン・ブラントも参加）。奇妙な高音と重厚な低音のギャップが魅惑的な〝Tectonic〟もコピー・セイを招いた〝Hive Mind〟もトリップホップを現代にアップデイトしたかのよう。実験的でありながら甘美な、無二のラヴ・ソング集。（小林）

Kelman Duran
Night In Tijuana
Scorpio Red (2021)

23

ドミニカにルーツを持ち、ニューヨークで育ち、ヨーロッパを拠点とするプロデューサー、ケルマン・デュランによるファースト。22年にはビヨンセのアルバムにも1曲参加。ブレイクビーツをジャジーに、ときにレゲトン風に組み替えて、マルコムXが暗殺された場所、オーデュボン・ボールルームを曲名にとるなどして、BLM以降の地平で黒人文化遺産を横断していく。（髙橋）

Hiro Kone
Silvercoat The Throng
Dais (2021)

24

ニューヨーク拠点のモジュラー・シンセシスト、ヒロ・コーンは今作でチェロを大胆に取り込み、電子音世界だけでは解決しない現在の美学の一片を提示した。アンビエントからエレクトロニック・ダンスまで、実に多くのスタイルが見事なステレオ表現とともに表出。スピーカー・ミュージックとの共作では、空間に広がるシンセとビートのパワフルさが相乗効果を産んでいる。（髙橋）

Prettybwoy
Tayutau
SVBKVLT (2021)

25

UKガラージ／ベースの突然変異形態とその進化を描き続ける東京のプリティボーイによるファースト。連打されるパーカッションと歪んだベース、脳天を突き刺すハンドクラップを創出するのは、ロンドンや東京の電脳空間にも完璧には属さない独自性だ。メロディアスなシンセラインやヴォーカリストも巧みに取り入れ、その音楽性が揺蕩うことのできる範囲の広大さを示した。（髙橋）

Jana Rush
Painful Enlightenment
Planet Mu (2021)

26

じつは90年代にデビューしていたものの、過労と鬱のため20年近く沈黙していたシカゴのプロデューサー、ヤナ・ラッシュによる2枚目。「痛みに満ちた啓蒙」と題されたこれは、内省であると同時に現代社会の反映でもあるのかも。フットワーク×ジャズ×インダストリアルを基調としつつ、種々の声ネタの挿入によりなんとも奇妙かつ魅惑的な世界を構築。DJペイパルも参加。（小林）

Space Afrika
Honest Labour
Dais (2021)

27

〈ON-U〉古典『Starship Africa』のコクピットに、ディーン・ブラントを伴ってロックダウンの部屋に現れたとしたら、と、名前につられて妄想したくなる、ときにメランコリックに、コラージュ感とダブのリヴァーブ感に彩られた濃厚なサイケデリック・ダウンテンポ〜アンビエント。シーンのトリップホップ的な音の復調具合も含めて、ひとつの岐路ではないかと。（河村）

リョウコ2000
Travel Guide
Self-released (2021)

28

ソロでも活動するnoripiとピアノ男による奇才音楽ユニットが贈るアンビエント・ジャングル。ハードコア・テクノをルーツに持つ両者が、鬱屈したコロナ禍を抜け出すかのように、鈍化した心をさわやかな旅へと連れ出してくれる。20年代のアンビエンスな流れをいち早く感知し、根気よく刻まれたアーメンに久石譲を彷彿させるエッセンスを現代的に滴らせた。（YN）

Leo
a buried river
Youth (2021)

29

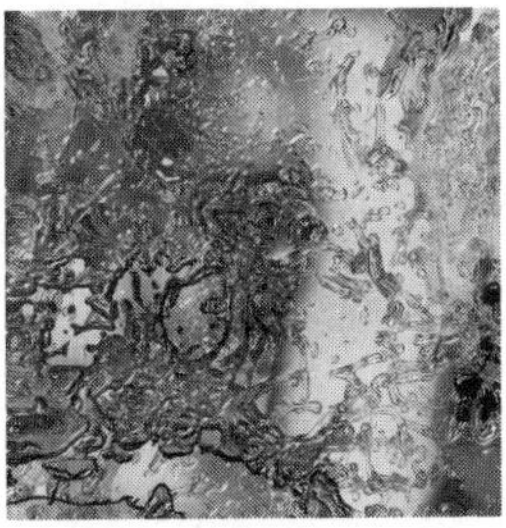

ミュータントな電子音響やグライムからのトリップホップへのインダストリアルな移行過程というか、最近よく耳にする新世代によるアブストラクト・ヒップホップの引用の一例というか。〈Hyperdub〉からのリリースで大きく飛躍したアヤとも近しい、マンチェスターのプロデューサー。ポスト〈PAN〉的な同地のこのレーベルは、未来への示唆に満ちている。（河村）

Paraadiso
Unison
SVBKVLT (2021)

30

〈Nervous Horizon〉主宰のTSVIとセヴン・オービッツことマテオ・ザマーニのコラボレーションで、イタリアのフォーク・ミュージックや古代儀式にインスピレーションを得たコンセプトロニカ。必ずしも踊るためのベース・ミュージックではなく、実験音楽の新たな地平を切り開き、個人的体験ではなく、映像表現も合わせて社会的な結びつきをテーマに掲げた。（三田）

31
食品まつり a.k.a. foodman
Yasuragi Land
Hyperdub (2021)

寺山修司の映画にも通じる彼の脈絡のないサイケデリックな感性が国際舞台で認められるのは時間の問題だったのだろう。〝Hoshikuzu Tenboudai〟や〝Shiboritate〟はその象徴的な曲。日本のエレクトロニック・ミュージックが何故かいままで手を出してこなかった領域で、食品まつりはいまでもひとり悠々と演奏している。アートワークも彼の音楽性を言い当てている。(野田)

32
Two Shell
Home / No Reply
Mainframe Audio (2021)

ロンドン拠点とされる匿名性を身に纏ったデュオによる、ハイパーポップとUKベースの突然変異が今作である。UKアンダーグラウンド・シーンにおいて、キャッチーでありポップであることを、デジタルの感性をもってして実に肯定的に昇華している。原曲のヴォーカル曲のスピードと情動性を加速させた〝Home〟は多くにプレイされたゲームチェンジャー的アンセムである。(髙橋)

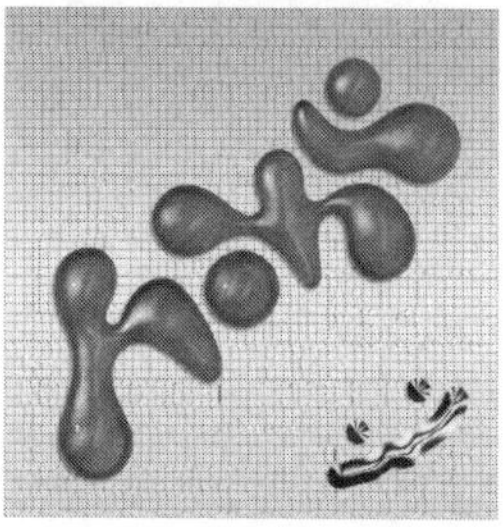

33
Green-House
Music For Living Spaces
Leaving (2021)

コロナ禍にリモート・スタイルで結成された〈Leaving〉のハウス・バンド、ガルダー・ヴィジョンズにヴォーカルで参加するオリヴィア・アーディゾーニによるソロ1作目。フィールド録音に毛が生えたような前作から飛躍的に成長し、怒りや悲しみよりもキュートさや愚かさに焦点を当て、ミニマルを基本にアンビエントの派生概念をあれこれと包含した優しい空間性。(三田)

34
Iglooghost
Lei Line Eon
Gloo (2021)

電子音が暴れまわる〈Brainfeeder〉からのデビュー作でその名を知られるようになったロンドンのプロデューサーは、今回大胆にヴァイオリンをフィーチャー。さまざまな表情を見せる電子ノイズとの組み合わせ方がすばらしく、エレクトロニックでありながらどこか土着的~自然的な雰囲気が醸成されている。ラップトップ時代のウィアードなフォーク・ミュージック?(小林)

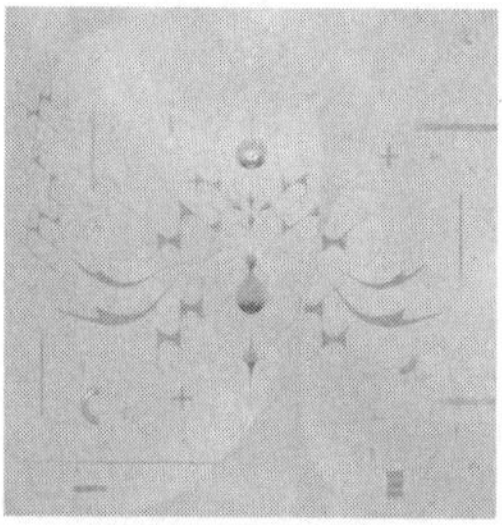

35
SUGAI KEN
Tone River
Field (2020)

〈RVNG〉からの『不浮不埋』が国際的に評価された音響の魔術師。本作は利根川がテーマで(題は「トーン・リヴァー」ではなく「トネ・リヴァー」)、じっさいに川の各地でフィールド・レコーディングされた音が用いられている。それらと加工された音声、電子音によるヴィヴィッドな水の表現が対置される構成は、人間の自然との格闘の歴史を喚起。想像を刺戟する作品だ。(小林)

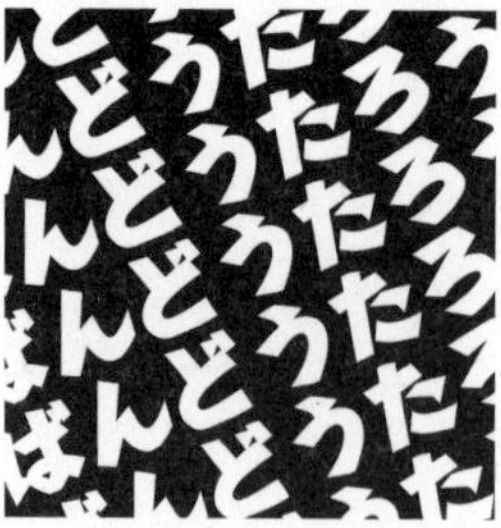

Dorian Electra
My Agenda
Supernature (2020)

36

ジェンダー・アイデンディティの批評と解放をアグレッシヴに物語った怪作。エレクトロ・ポップにトラップ、ハードコア、デコンストラクテッド・クラブをハイパーに取り入れながらノンバイナリーや有害な男性性へのメッセージをシニカルに映し出す。規範や抑圧への抵抗をヴィヴィッドなトラックで表現するも、現代社会に渦巻くカオスと真剣に向き合った内容となっている。（YN）

Meitei / 冥丁
Kofū / 古風
Kitchen. Label (2020)

37

18年の『怪談』が海外で注目された広島の奇才。「失われた日本のムード」三部作完結編（21年には続編も）。サンプリングを駆使した和風エレクトロニカ。ビビオ風の劣化したテープの肌理と憑在論的クラックル・ノイズが、これがあくまで想像された過去＝フィクションであることを担保。ぎりぎりナショナリズムやオリエンタリズムを回避している。まずはポップな〝花魁〟を。（小林）

Duval Timothy
Help
Carrying Colour (2020)

38

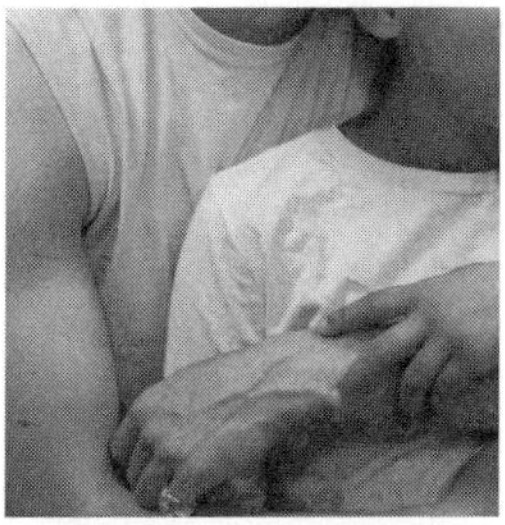

ソランジュやケンドリック・ラマーのコラボレーターで、サウス・ロンドンとシエラ・レオーネを行き来するピアニストのソロ4作目。ジャズ、クラシック、ヒップホップなどがすべて溶け合い、オーソドキシーと実験音楽が隣り合う新時代のスタンダード作。ツイン・シャドウを起用した〝Slave〟で奴隷制度に言及するなどアンダーグラウンド人脈をフル動員したメジャー仕上げ。（三田）

Piezo
Perdu
Hundebiss (2020)

39

イタリア、ミラノのベース・ミュージック系のプロデューサーによるファースト・アルバム。バツ（Batu）率いるブリストルの〈Timedance〉あたりが目指そうとしていた、テクノとベース・ミュージックの組み合わせを、ちょいとブレインダンス気味に別の流れから足取り軽く混ぜかえしたようなパーカッシヴなベース・ミュージック集。たくさんのヒントがありそう。（河村）

Double Geography
The Indoor Gardener
Invisible, Inc. (2020)

40

リリースを重ねるごとにサイケデリック度を増すハウス・ユニット、ウィアード・ウェザーのダンカン・ソーンリーによる1作目。ソロでは一転してガビ・デルガドーが中期のクラフトワークをカヴァーしているようなバリアリック・サウンドのミュータントに。UKながらケルンのアフロ・ハウスを独特のフォームに変異させた感じもあり、坂本龍一やイノヤマランドにも聞こえて。（三田）

Valentina Magaletti
A Queer Anthology Of Drums
Takuroku (2020)

41

ベースの急逝でトマガが活動休止し、現在はライムのふたりとモーイン名義で再出発したドラマーのソロ1作目。ワイヤーやソニック・ユース、カン周辺でサポートを勤め、呪術的で覚めたドラミングはヤキ・リーベツァイト直系。イーライ・ケスラーやジュリアン・サートリアスのタフなドラミングとは実に対照的。当初はMP3のみで、2年後に北京の〈bié〉がライセンス。（三田）

Treasury Of Puppies
Treasury Of Puppies
Förlag För Fri Musik (2020)

42

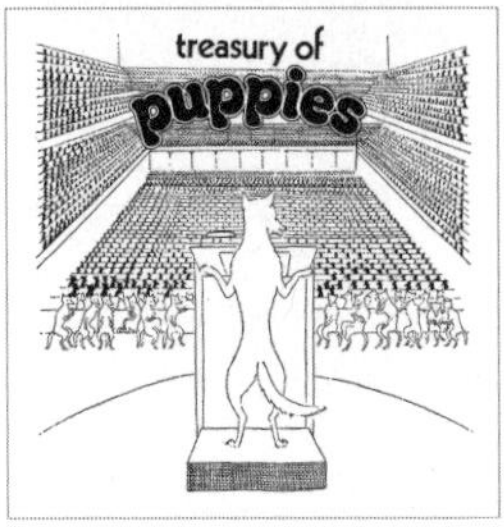

スカンジナビア有数の音楽都市スウェーデン、ヨーテボリの〈Förlag För Fri Musik〉はアブストラクトな実験精神で知られる。同都市のデュオ、トレジャリー・オブ・パピーズはその急先鋒で、クラシックのサンプリングやローファイなシンセ上での詩の朗読などを通し、言葉とサウンドのナレーション的側面を独自&奇妙に更新している。ユニット名も最高。（髙橋）

Various
S.D.S = 零 = (Subscription Double Suicide =Zero=)
EM Records (2020)

43

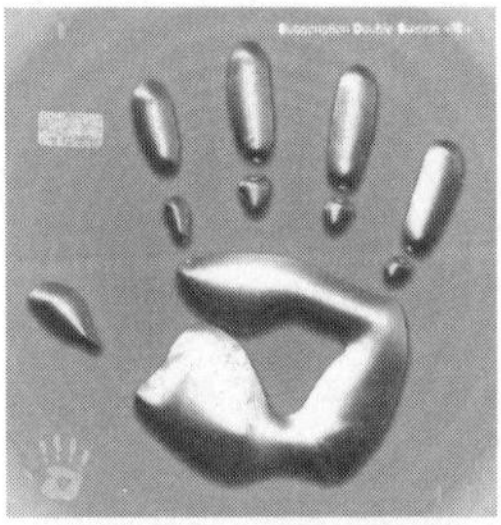

リアルとヴァーチャルを繋ぐプラットフォーム〈AVYSS〉を運営するCVNがキュレーターを務めたコンピレーション。20年代初頭の国内アンダーグラウンド・シーンに漂う現場の空気感をいち早く察知し、エレクトロニックを軸にオルタナティヴな活躍を魅せる若手アーティストが参加。Lil soft tennisやNtsKiなど現時点で国内シーンを先導する存在となった名が多数。（YN）

Speaker Music
Black Nationalist Sonic Weaponry
Planet Mu (2020)

44

ドナルド・トランプのスローガンをもじって「Make Techno Black Again」を標榜し、フリー・ジャズとベース・ミュージックの要素をデトロイト・テクノに注ぎ込んだディフォーレスト・ブラウン・ジュニアの2作目にして強烈な時代精神の刻印。「ブラック・ライヴス・マター」はフェイクだった」というカニエ・ウエストの言葉はこの作品を前にして吹き飛ぶ。（三田）

玉名ラーメン
sour cream
Self-released (2020)

45

トラップ、アンビエント、エクスペリメンタルなど儚くも洗練されたエレクトロニック・サウンドをポエティックに昇華させたEP。楽曲が〈XL Recordings〉のプレイリスト入りしたことで現役女子高生アーティストとして注目を浴びた10代からオーディオ・ヴィジュアル・ユニットへと進化し、新世代のエターナルな世界観がより抽象的にトランシーな輝きを帯びている。（YN）

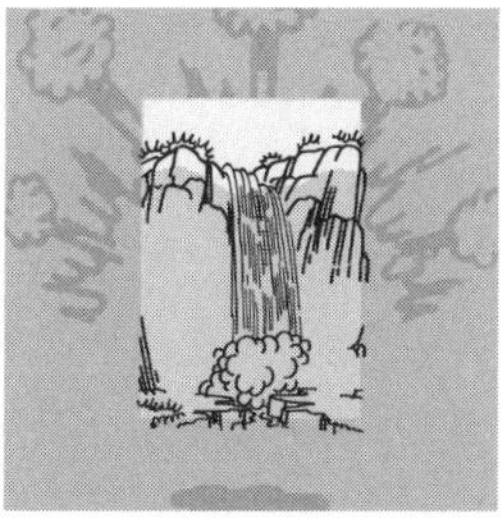

K-LONE
Cape Cira LP
Wisdom Teeth (2020)

46

トロピカルでカラフル、ポップな音色、ふわりとライトにサイケなハウス、ダウンテンポ。UKガラージやウェイトレスなグライムの先、リズムの冒険の末に、眼前に現れた桃源郷というか。朋友ファクタと運営する本リリース・レーベルも重要で、ここからパリスの2021年のアルバムにつながっていく、サウンド的にポップな感じの流れがUKにはいま確実あるような。（河村）

DJ Python
Mas Amable
Incienso (2020)

47

スペイン語で「よりフレンドリー」の意味を冠した、アルゼンチンとエクアドルにルーツを持つNYのDJパイソンのセカンドは、冒頭の雨の音と共鳴するかのようなパキっとしたリズム隊が、アルバムの底を流れるダンスホールやレゲトン的リズムと調和し、肩の力が抜けた非常にリラックスしたサウンドを奏でている。身動きが取れない人びとの想像力を外側へ向かわせる音楽。（髙橋）

Dj Diaki
Balani Fou
Nyege Nyege Tapes (2020)

48

ケニアのジェイ・ミッタがシンゲリとフレンチコアを融合させたのに続いてマリのバラニとスピードコアを融合させたデビュー・アルバム。かつてジェフ・ミルズがボディ・ミュージックにグルーヴを与えたことでハード・ミニマルを完成させたようにアフリカの新鋭たちはヨーロッパの硬直したハードコアを次から次へとダンス・ミュージックに変換していく。（三田）

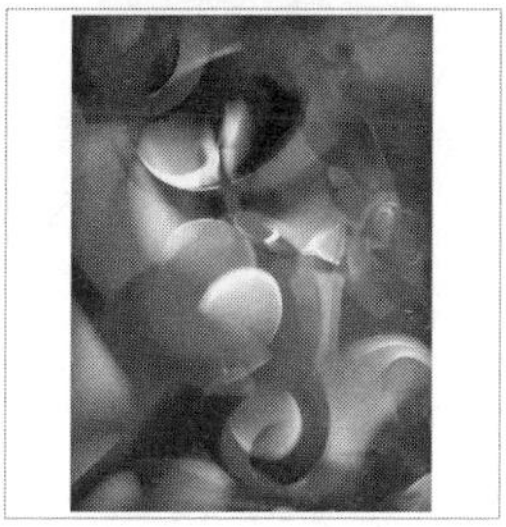

Beatrice Dillon
Workaround
PAN (2020)

49

システム上で発生する問題の解決策を意味するタイトルのアルバムで、ビアトリス・ディロンは収録曲のほぼ全曲で他者との共作を通し、ダブ的エフェクトと間の創出手法をもとに、「手数」を最小限にした数々のリズム・パターンを構築。タブラーなども取り入れ、心地良く乾いた音テクスチャーが抽象的かつ身体に響くカリビアン的ビートを醸成し幾何学的な快楽を産んでいる。（髙橋）

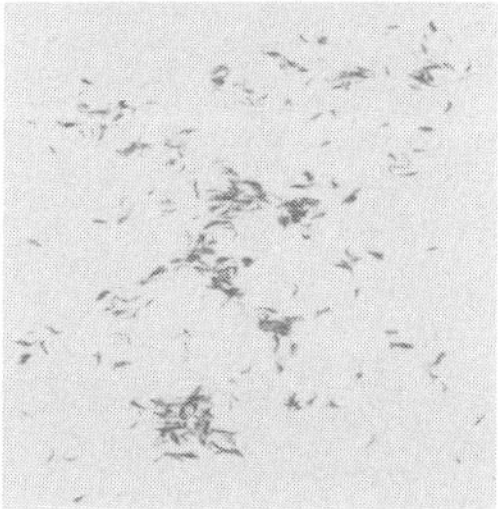

Ulla
Tumbling Towards A Wall
Experiences Ltd. (2020)

50

フィラデルフィア拠点の謎に包まれた作家、ウラ・ストラウスによるファースト・ネームのみの名義による一枚。音数が少ない透き通る空間のなか、卓抜したメロディ・ループがときにヘヴィなベースとともに描かれる。人工的で無機質なグリッチでもなければ、自然音への偏重でもない、エモーショナルな音の創出という意味で、群を抜いて優れたアンビエントの傑作である。（髙橋）

New Era of Japanese Electronic Music
ジャパニーズ・エレクトロニック・ミュージックの新時代

文：ジェイムズ・ハッドフィールド
written by James Hadfield
訳：江口理恵
translated by Rie Eguchi

過去10年の間に、音楽の流通と消費の方法は大きな変化を遂げた。Spotify、YouTube、Tik Tok、Bandcamp、Soundcloud、そしてRecord Store Dayは、それぞれがこの大勢を再構築するための役割を果たした。タワーレコードは再びヴァイナル・レコードやカセットを販売している。ＣＤのリヴァイヴァル説すら浮上している。

数年前私は、それほど重要ではないかもしれないが、否定のできないある変化に気付いた。私が執筆している文章で取り上げたほとんどの日本のエレクトロニック・ミュージックが日本国外のレーベルからリリースされていたのだ。それはFoodmanと〈Hyperdub〉の契約のように比較的知名度の高いリリースだけではない。かなりアンダーグラウンドで、国内でも明確なファンベースがなく、存在も認知されていないようなプロデューサーたちが海外のレーベルに取り上げられるようになった。デジタル配信や少量のカセットテープのみでリリースするようなＤＩＹのレーベルであることが多い。

Yosuke Tokunaga
12 Connectedness
(Second Sleep, 2021)

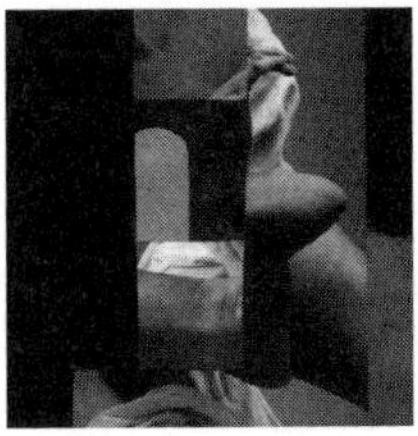

初めてYosuke Tokunagaに触れるリスナーのほとんどが、彼にもっと知名度がないのはおかしいとの感想を述べる。このプロデューサーのヒプナゴジックな（入眠の）ビート・ミュージックは年々、より抽象度を増してきている。ブーンバップの気配は残っているものの、それはもはやTokunaga作品においての取り残された影のようなものに過ぎない。

Jap Kasai
OWN ˚C
(CHINABOT, 2021)

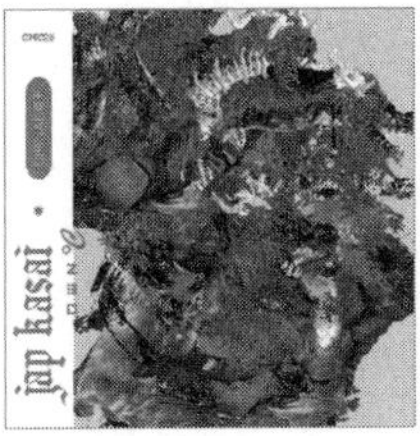

ジューク／フットワークと阿波踊りという意外な組み合わせは、プロデューサーが日本の伝統を弄ぶもっとも説得力のある一例である。Jap Kasaiはサンプルを巧みなタッチで展開しつつ、祭囃子の独特のリズムを尊重して、ストレートな4/4ビートにはめようとすることなく上手く表現している。

だが、それだけでも情報を拡散するには充分なこともある。ここ数年、私のお気に入りの発見の多くはBandcamp（日本のレーベルの多くはなぜかいまだに参入することを拒んでいる）や海外メディアをくまなく探すことで得られたものだが、それらのアーティストたちのなかには自分と同じく東京をベースに活動している人もいる。Sofhesoの擦るようなレイヴのミューテーション（変異）や、Yosuke Tokunagaのアブストラクト（抽象的）なビート・ミュージック、otomoniの遊び心に満ちたジューク／フットワークの再構築、aOaOの挑戦的なエレクトロニカなど、すべて海外レーベルのおかげで注目することができたのだ。

最近では地理的な条件があまり重要ではないということに気が付くと、奇妙ではあるが解放された気分にもなる。デジタルへの移行は、日本のアーティストの音楽が海外で世界発売されることへの僅かに残っていた障壁が解消されたように思える。東京では、２０００年代に起こった野心とやる気に満ちたクリエイティヴな才能の持ち主たちがこぞって国を脱出してベルリンへと移住する

otomoni
super u
(outlines, 2022)

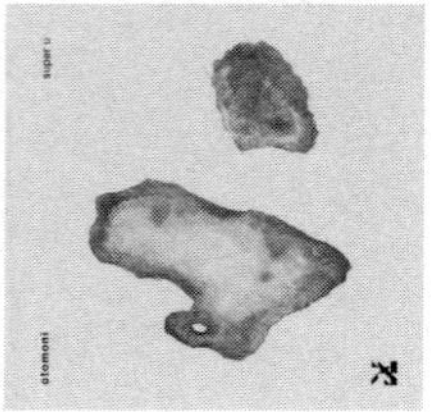

この作品のように、「160bpmでもっとも面白く革新的な音楽を作る」という明確で簡潔な制作意図の言及が役に立つ場合がある。Foodmanのようにotomoniはジューク／フットワークを踏み台にし、何か素晴らしく突飛なものを展開しているが、彼にはリズムを強めに掴む傾向がある。これらの奇妙なグルーヴは、踊るために作られたのだ。

ようなことは起きてはいないのだ。

同時に、流通が多様化するなか、音楽で自分のアイデンティティや居場所を主張するアーティストが増えていることにも気付かされる。プロデューサーたちは、日本の伝統楽器を使用して過去の亡霊を呼び覚ましたり、自分たちを取り巻く環境との対話を試みたりしている。

これはもちろん日本に限ったことではなく、世界中のエレクトロニック・アーティストの多くが先のロックダウン中にフィールド・レコーディングに興味を持つに至ったようだ。だが、ありふれたアンビエント・トラックにiPhoneのヴォイス・メモの素材を重ねるのと、SUGAI KEN（スガイケン）の『Tone River』（Field records, 2020）、梅沢英樹の『Dokkyaku』（『Two Views on AmamiOshima』収録 Ediçõs CN, 2020）、あるいはMasayuki Imanishiの『insects are』（Unfathomless, 2021）などで聴くことのできる、それぞれの場所との完全なる関わりとの間には、大きな違いがある。

SUGAIはエレクトロニック・ミュージックにおける

Sofheso
A RECORD
(First Terrace, 2020)

東京のForestlimitの常連で、毎週SoundCloudに新しいトラックをアップロードしているSofhesoだが、その名を知らしめたのは2018年の〈First Terrace〉による巨大なアーカイヴのリリースだった。その続編となる本作は、節くれだった過熱状態にあるマシーン・ミュージックで、クリエイター自身の流転を表しているかのようだ。

Mikado Koko
Maza Gusu
(Akuphone, 2021)

日本のエレクトロニック・アーティストのなかで、Mikado Kokoほど純粋に独特な音楽を作っている人はいない。この作品では、1921年に北原白秋が翻訳した「マザー・グース」の文章を、船酔いのように不安気なシンセサイザーと時折鳴るIDMビートによって、実に不吉に表現している。

最初の日本の伝統の探究者のひとりであり、彼はそれらに不遜さと驚きをもって取り組んでいる。過去を呼び起こすのに、パッド・シンセとトリップホップのビートに尺八や箏の音を重ねていた時代からすると、かなり緩やかになっているようだ。いまどきのプロデューサーたちはそれほど厳格ではなく、騒々しい民謡や、祭りのリズムなどに惹かれるようだ（日本の民俗学的な伝統の重要性を示した民俗学者のDJデュオ、俚謡山脈（Riyo Mountains）と〈EM Records〉のアーカイヴ・シリーズによる功績を称えたい）。

ジャパネスク（日本的）なエレクトロニカを世界の舞台に広めることに成功したのは、冥丁だった。そのホーントロジー寄りのサンプル・コラージュは、彼がつねづね訴えている「失われた日本のムード」が、三島由紀夫が言っていたようなことだとしても、心を奪われるものだ。一方、Jap KasaiとHoshina Anniversary（彼の通常の別名義とSuemoriの両方で）は、伝統的なサウンドと21世紀のクラブ・ミュージックの、心に訴えかける直感的な融合を生み出した。

これらすべてには、自己を反映した要素が含まれており、日本的なものを取り入れることで他と同じようになりがちな音楽に独特のアクセントを与え、差別化できるのだ。

この記事を書きながら、滋賀を拠点とするプロデューサー、99 LETTERSの新譜を聴いていたのだが、イギリスの〈Disciples〉レーベルに取り上げられるまで、まったくその名を聞いたことがなかった。彼は『解剖図鑑』で、切り刻まれ、捻った日本の伝統楽器を使い、荒んだアンディ・ストットを思わせるトラックに意外性のあるテクスチュアを加えている。面白くはあるけれど、99 LETTERSの〝雅楽テクノ〟という自身の音楽の見事な説明からは、もう少しディープなものを期待してしまった。

伝統の参照方法には、Mikado Koko『The Japanese Rimbaud』（自主制作、2020）の、中原中也の詩と１９９０年代の〈Warp Records〉スタイルのＩＤＭのブレンドや、石橋英子の『百鬼夜行』（Black Truffle, 2020）で15世紀の禅の因習打破主義者、一休宗純の言葉を心奪われるエレクトロ＝アコースティックな組曲に織り込むなど、よりテキストを大切にしたものもある。

自分がどこから来たのかを示す方法はもちろん他にも存在する。Foodmanの『Yasuragi Land』（Hyperdub, 2021）には、「フードコート」や「道の駅」などをトラック・タイトルとした、郊外における日常生活が素材になっているものが多く収録されている。これらは、ほとんどの日本人以外のリスナーにはちんぷんかんぷんだったと思うが、そこがポイントなのだ。ますます混沌とし、相互接続した音楽界においては、自分が何者であるのかを思い出すのが役に立つのだ。

Bass Music Is Moving.
ベース・ミュージックは動いている

文：三田格
written by Itaru W. Mita

２０１３年からダブステップやドラムンベースの総称として使われるようになったベース・ミュージックは、それ以前はマイアミ・ベースのようにエレクトロニックかどうかはギリギリのものを指して使われるジャンル名だったけれど、トラップによってむしろそこはすっきりとし、ハーフタイム（用語解説参照）によってもたらされた汎用性の広がりによってダンスホールやゴム（用語解説参照）なども巻き込み、さらにはバウアー（Baauer）〝Harlem Shake〟以降にぶち上がったＥＤＭの流れも加えると、全体像を把握するのはもはや無意味なほど大風呂敷のタームに拡大した。とはいえ、それらが相互貫入を起こしているかといえばそうではなく、帝国主義の元で多民族がバラバラに暮らしているようなもので、たとえばＵＫベースの老舗として知られる〈Exit Records〉や〈Hyperdub〉といったレーベルにはどことなくバリアーが存在し、中堅の〈Samurai Music〉や〈Nervous Horizon〉など細かく見ると差異は無数にあり、南アのジョン・ケイシー（Jon Casey）の

Griffit Vigo
I Am Gqom
Gqom Oh!（2020）

Various
Consequences
DECISIONS（2020）

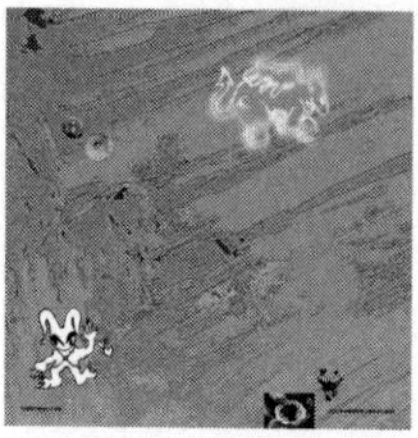

ようにＥＤＭから豊かな音楽性を求めて変化するタイプまで視野に入れるとファン層は分断どころか最初から出会ってもなく、「ジャズ」とか「ロック」ぐらいの規模で「ベース」も存在しているといえる。〈Nyege Nyege〉のハウスＤＪ、カンピレ（Kampire）などはそういったものをあっさりと横断し、大陸の差など感じさせないＤＪをやるので、ほんとにすごいなと思ってしまいます。

　というわけで、大局を見ても一貫性はないし、何も読み取れるものがないので、ここ数年で個人的に気になったトピックをいくつか。ＵＫベースと少し異なる雰囲気をプッシュしはじめたのがオーストラリア。ミュジーク・コンクレートとがっちり融合させていたのがＡ２Ａとしてタッグを組んでいたエア・マックス97（Air Max '97）とロフト（＝後のＡＹＡ）で、パーカッシヴ・サウンドで飛ばすＤＪプリードを筆頭に乾いた風をＵＫベースに吹き込むことに。彼らと親和性の高いブリストルからはブルース（Bruce）ことラリー・マッカーシーやイド・プルームス（Ido Plumes）といったプロデューサーが、同じくバツ（Batu）の〈Timedance〉やペヴェリスト（Pevelist）の〈Livity Sound〉といったレーベルが実験性の高い曲を志向し、後者からはイレギュラーでアンダーワールドが〈Junior Boy's Own〉から生まれたようにトゥー・シェル（Two Shell）がヤング受け（©野田努）の真っ最中。デトロイト・テクノに取り憑かれた同レーベルの10年をまとめた『Molten Mirrors』は（スピーカー・ミュージックと並んで）さらなるテクノの可能性に踏み込み、変わったところではチュニジアのアズ・タイワリン（Azu Tiwaline）などもピック・アップ。南アのゴムほどではないけれど、北アフリカからはほかにエジプトのズリ（Zuli）と3ファズ（3Phaz）もそれぞれに地歩を固めつつある。エア・マックス97がコンパイルした『Consequences』や〈Timedance〉の『Sharpen, Moving』にはラフィン・イアーズ（Laughing Ears）やマン（Mang）など中国からの参入も目立ち、なるほど上海・ロンドン・カンパラ（ウガンダ）間ではコラボレーションやリミックスが多く、ロンドンのコード9や

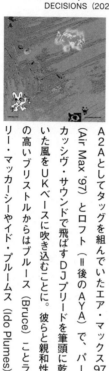

Various
Sharpen, Moving
Timedance（2020）

Quixosis
Rocafuerte
Eck Echo Records（2021）

TSVI、東アフリカを統括する〈Nyege Nyege〉傘下〈Hakuna Kulala〉からスリックバック（Slikback）にドン・ジィラ（Don Zilla）、上海の〈SVBKVLT〉からは33EMYBWやスウィムフル（Swimful）がもはや絡み合い過ぎていて省略。イタリアのスティル（Dracula Lewis）と〈Hakuna Kulala〉がレーベルごと合体してできたジュークのアルバム『Kikommando』はかなりなキメラといってよく、〈SVBKVLT〉からはインドネシアからガムランとガバを融合させたガバ・モーダス・オペランディ（Gabber Modus Operandi）がデビューしていて、これがビョークの新作に起用されたり。

イギリスではアンクル・バコンゴとして親しまれるロスカ（Roska）が息の長い活動を続けているように、フランスでも中堅のバンボウノウ（Bambounou）を追って〈Livity Sound〉がトマ・カミ（Toma Kami）とシモ・セル（Simo Cell）を浮上させ、17年スタートの〈Well Street Records〉からはハンガリーのゴースト・ウォーリアー（Ghost Warrior）がペシミストを思わせるソリッドで緊迫したゴシック調のハーフタイムを。同レーベルは全体にレヴェルが高く、アイルランドのスプートニク・ワン（Sputnik One）やラフ・チェリー（Ruff Cherry）、ＮＹのシグニフィカント・アザー（Significant Other）とブロークン・ビートを積極的に取り入れた成果が大爆発。ほかでもヘンリー・グリーンリーフ（Henry Greenleaf）にフレッド・アゲイン（Fred again..）……とブロークン・ビートの導入はこのところ成功例が多く、ＮＹとブロークン・ビートといえばついにプロイ（Ploy）もアルバム『Unlit Signals』をリリース。レゲトンをハウスに持ち込んだＤＪパイソンやチリ出身のトマ・ウルキエタ（Tomás Urquieta）もＮＹにロケーションを移してアルバムを出し、後者を手掛けたメキシコの〈Infinite Machine〉による『10 Years Compilation』も素晴らしいベース・ミュージックの見本市となっている。チリのマス569（Mas569）やメキシコのベンフィカ（Benfika）に加えてカリフォルニアのオンリー・ナウ（Only Now）やラトヴィアのＷ３Ｃなど全19組がねじくれた

Various
Infinite Machine 10 Years
Infinite Machin（21）

Various
Molten Mirrors - A Decade Of Livity Sound
Livity Sound（21）

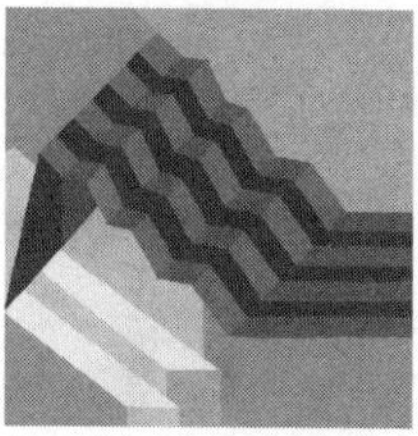

スープを煮立て、南米からはコロンビアのロンペラヨ（Romperayo）とエクアドルのニコラス・クルーズがクンビアのアップデートに続いて同じくキコーシス（Quixosis／肝硬変）はジュークを取り入れた『Rocafuerte』、メキシコのニーニョ・アルボル（Niño Árbol）はテクノ寄りの『Soulless』と、想像の斜め上をいく快作が続いている。日本関係はざっくりとMars89『Visions』、KAKUHAN『Metal Zone』、Yuta Matsumura『Red Ribbon』などか。

近年のダークホースだったのは〈Experiences Ltd〉周辺から出てきたXフレッシュ（xphresh）（Special Guest DJ＋Ben Bondy）「Xephon」（筆者の21年ベスト・シングルで、同じく前者がミュー・テイト（mutate）らと組んだサイファ（Cypher）名義「Glasgow」も22年ベスト）で、コンサッド（Konsudd）やジェイブス（Jabes）等々にも触れたかったけれど、すでに字数オーヴァー。ベース・ミュージックと2ステップ起源のベースラインを一緒にするなという人もいるかもしれないけれど、ブリストルのキンケイド（Kincaid）やプルーラリスト（Pluralist）、あるいはドイツのRhywはその辺りをあっさりと横断し、しかも曲もとてもユニーク。ベースラインそのものではパリス（Parris）のデビュー・アルバム『Soaked In Indigo Moonlight』がテクノ寄りなら同じくエレクトロと交錯させたヌーヴォー・モニカ（Nouveau Monica）『BB』もとてもいい。

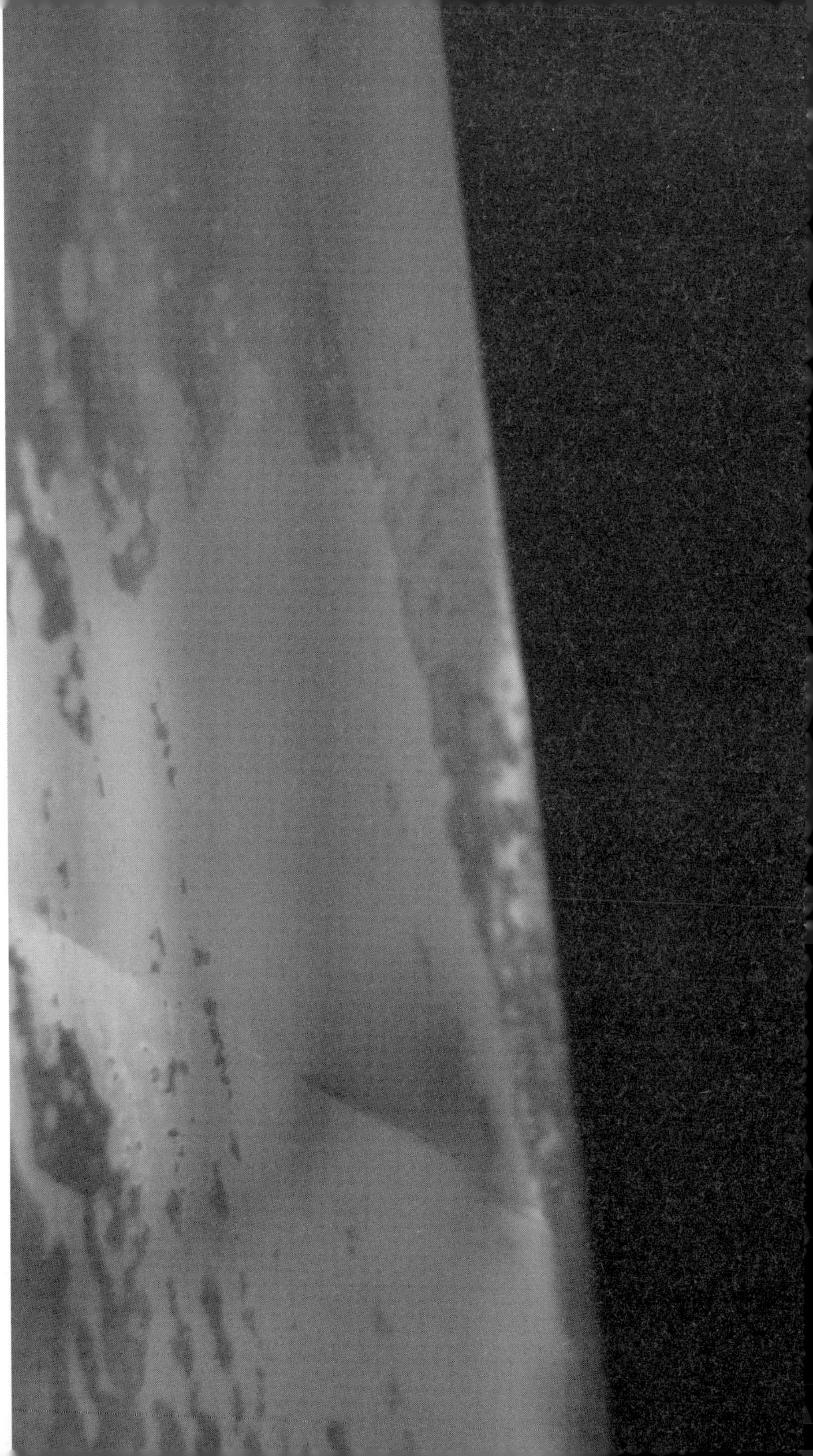

Basic knowledge of genre terms
2020年代を楽しむためのジャンル用語の基礎知識

文：野田努（N）＋三田格（M）

ジャンルの細分化がはじまったのは、ロックがポップ・カルチャーの王道だった1970年代からだとされている。サイケデリック、アート・ロック、プログレッシヴ・ロック、ヘヴィー・メタル、ガレージ……そしてパンク以降はさらに、パワーポップ、ゴス、インダストリアル、シンセポップなどなどサブジャンルの数は増えはじめたわけだが、そのさらなる細分化はダンス・ミュージックの時代の到来によって加速した。アシッド・ハウス、ミニマル、トランス、トリップ・ホップ、ジャングル、ダークコア、アートコア、ハンドバッグ、スピード・ガラージ、2ステップ、エレクトロクラッシュ……インターネット普及後には、多くのマイクロジャンルが氾濫し、さらにひどいことになっている。ここでは20年代を楽しむための基礎知識として、そうしたジャンル用語ならびにキータームを紹介する。意味のあるジャンル用語もあるし、ナンセンスに感じられるものもあるが、目くじら立てて否定するよりは、こうした言葉を楽しむのもまた一興ということで。

脱構築クラブ／ポスト・クラブ
Deconstructed club / Post-club

このタームはややこしい。そもそものクラブ・ミュージック史は、地域性がその音楽の個性を磨いた。シカゴの黒人コミュニティにおいて、ソウル・ディスコの文脈に欧州ニューウェイヴが合流したときにハウスが、荒廃したモーターシティの10代の子供たちにクラフトワークがたたき込まれたことでデトロイト・テクノが、そしてUSハウスとレゲエが出会ったときにUK北部でブリープが、レイヴとレゲエが出会ってロンドンのジャングルが生まれたように。しかしながらCDJやMP3によって大量の情報がDJブースで操作可能になり、さらにインターネット普及後のオンラインの社会では、グローバルな交流が急速に進み、サウンドは必ずしも地域性に色づけされない。その個人の好きなスタイルを好きなように複合させる。これが今日のデコンストラクテッド・クラブ、ないしはポスト・クラブと呼ばれるスタイル（様式）で、クラブ・ミュージックにおけるモダン（シカゴ、デトロイト、NYなど、都市の音楽の時代）に対するポストモダン化を意味する。

このスタイルは、2009年のGHE20G0THIK（ゲットーゴシック）というNYのパーティに端を発しているとされているが、アルカもその原点だとされているようにLGBTQとの関係は深い。UKの〈Night Slugs〉はその先駆的レーベルで、10年代なかばの彼らは、グライム、ボルチモア、ニュージャージー、インダストリアルなど、自分たちのお気に入りのサウンドを好きなようにブレンドし、提示した。もうひとつこのスタイルで影響力があるのはベルリンの〈PAN〉だが、たとえばアムネジア・スキャナーのようなダンスに制限されない自由で混沌としたスタイルもデコンストラクテッド・クラブの代表例のひとつ。最近ではロティックやイグルーゴースト、カイ・ホイストン、それから〈Hyperdub〉のayaもその仲間に入る。

以下、目新しくはないが、デコンストラクテッド・クラブの要素にもなっているスタイルを、おさらいしておこう。（N）

ボルチモア・クラブ／ビーモア
Baltimore club / Bmore

起源は90年代で、メリーランド州ボルチモアの黒人コミュニティにおいて誕生したUKハードコア・ジャングルとハウス、ないしはヒップホップとの結合によるパーティ・ミュージック。be-moreとも呼ばれる。

いわばボルチモア流のゲットー・ハウスで、８／４拍子の急いだ感じのリズムと声ネタのループに特徴を持つ。２０００年代に入ってディプロが気に入って広めたというが、このシーンから登場したBlaqstarrは、M.I.A.とのいくつかの共作で知られることになる。（N）

ジャージー・クラブ
Jersey club

　そのボルチモア産のダンス・ミュージックはニュージャージー州ニューアークで人気があった。とくに現地のDJ Tameilたちがそれをスピードアップさせ、独自のものとして発展させた。R&Bのカットアップという特徴をあり、これがUKの〈Night Slugs〉にも影響を与えた。近年はジャージー・クラブのギャングスタ・ラップ・ヴァージョンとして、ジャージー・ドリルへの展開もある。女性DJのUNIQU3の評価も高く、２０２２年にリリースされたドレイクの『Honesty, Nevermind』では1曲、ジャージー・クラブを挿入している（〝Currents〟を聴いてみて）。（N）

ボールルーム
Ballroom

　ニューヨークにおけるアフリカ系とラテン系のLGBTQのアンダーグラウンド・コミュニティ。ヴォーギングをはじめ、クィアとポップ・カルチャーとの接続を準備する。マドンナの〝ヴォーグ〟（１９９０）はそのもっとも有名な一例だったが、２０２２年はビヨンセが『ルネッサンス』においてボールルームを重要なテーマとした。（N）

UKファンキー
UK Funky

　UKガラージ文脈におけるブロークンビーツとアフロ／ラテンとの融合。R&Bヴォーカルも入ったりするので、UKではポップ・チャートでもアンダーグラウンドでも機能する。ゼロ年代に脚光を浴びたこのスタイルだが、２０２２年はHaganのアルバム『Textures』がヒットした。（N）

UKドリル
UK Drill

　シカゴのドリルのUKヴァージョンと言うよりも、むしろグライム、もしくはロードラップ（UK版ギャングスタ・ラップ）から派生したスタイルと思ったほうがわかりやすいかも。２０１０年代後半、ブリクストンではじまり、主にTikTokを介して全国に広がった。10代に人気で、シカゴのドリルが銃ならUKはナイフに言及し、暴力や犯罪を煽っていると警察からYouTube上の30本以上の動画は削除され、一部のラッパーは警察の許可なしに音楽を作ることが禁止されるほど、もっぱら取り締まりと悪評が先立っている。ただし、緊縮に対する虐げられた貧困層からの反発だと擁護するメディアもあるし、ロレイン・ジェイムスには彼女のIDMサウンドのなかにドリルを取り入れた曲もある。（N）

ドリル
Drill

　そんなわけでシカゴ生まれのオリジナル・ドリルだ。トラップのシカゴ解釈と言えるこのスタイルは、いまやUKドリルのみならずブルックリン・ドリルもあり、またアイルランドやフランス、カナダなどの10代の若者のあいだでも人気を博し、その影響力は２０２２年に『ピッチフォーク』が言ったように「この10年間でもっとも重要なラップのサブジャンル」となった。もともと「ドリル」とは、敵対するギャングを銃撃で攻撃することを意味するスラングで、この音楽がはじめて脚光を浴びたのは２０１２年、16歳のチーフ・キーフの〝I Don't Like〟のヒットによる。しかし、オリジネイターと言われるパックマンは２０１０年に殺害され、チーフ・キーフのライバル、リル・ジョジョは２０１２年、18歳のときに殺害された。いわば現代のギャングスタ・ラップ現象で、多くのドリル・ラッパーが加害者としての自分語りをしたため90年代のギャングスタ・ラップ同様に激しい批判に晒されている。だが、ブルックリンのポップ・スモークのようにドリリング（敵対する相手への攻撃の煽り）をしない、前向きなドリル・アーティストの登場によって、その印象も大きく変わってきているし、近年では、ニッキー・ミナージュやカーディ・Bのように、そのサウンドを自分の作品に取り込んでいるアーティストも珍しくない。なお、ポップ・スモークは２０２０年、彼が20歳のとき、家宅侵入された15歳の強盗に殺害されている。（N）

ハーフタイム
Halftime

　音楽用語のハーフタイムは16ビートを８ビートで叩くなど、打点の半数をオフにすることだけれど、リキッドファンクに堕したドラムンベースを10年代に再生させたハーフタイムは6とか10で刻むなどビート数は自由で、その結果、ジュークやトラップ、ダブステップやゴムとも流動性を増し、それらすべての総称として使われるようになった（シンコペイティッド・ジャングルともいう）。とくにダンスホールとは見分けがつかず、ダブ・フィジックスやDブリッジが様々な名義で手掛けたプロジェクトはダンスホールのMCを起用することが多かったこともあり、ハーフタイムとして認識されるには時間がかかった。サム・ビンガがジュークとのハイブリッドを試みた『Wasted Days』（15）を完成させたことでようやくハーフタイムの汎用性が広く共有され、10年代後半の推進力として猛威を振るい始めることになったものの、試行錯誤自体はエイミットが00年代の始めからシングルを中心に長く続けていたことも認識され始める。アイヴィー・ラブ、ペシミスト、ジ・アンタッチャブルズなどヴァリエーションも増え、カーク・ディジョージオやマシーンドラムといった古参もエントリー。20年代に入るとラスト・ライフやヤナイがハードコア化させ、〈Kurnugi〉のようなハーフタイム専門のレーベルが設立されたり、アイルランドや東欧の才能に網を広げた〈Well Street Records〉が一気にクオリティを高めると、Dブリッジもエレクトロと交錯させたようなフィクセイトを新たに世に送り出すなどポテンシャルが尽きる様子はない。（M）

レゲトン
Reggaeton

プエルトリコ産のレゲエやヒップホップの影響を受けたダンスホール（なのでリズムはドラムマシンの打ち込み）だが、ソカやカリプソなどカリブ海の音楽からの要素もある。80年代生まれのこのアフロ・ラテンによるダンスホールは、長らくアンダーグラウンドなダンス・ミュージックだったが、スペイン語で歌われていることから2000年代以降は世界に飛び火し、ラップとも親和性が高いことから英語圏でも人気を博すようになった。シティ・ポップは世界的に流行してはいないが、レゲトンはしている。リアーナ、ニッキー・ミナージュ、ジャスティン・ビーバー、カーディ・B等々、レゲトンを取り入れているポップスターは数多く、トラップなんかと並んでいまや世界的なダンスのスタイルのひとつだが、ダンスホールと同様、ロウジャック周辺などアンダーグラウンド・シーンでも応用されている。（N）

ムーンバートン
Moombahton

レゲトンとハウスの融合。音楽史的には2009年にワシントンDCで生まれたことになっている。テンポは遅く、近年はほとんどEDMの一種として機能している。（N）

クンビア
Cumbia

19世紀にコロンビアで生まれたとされる音楽ジャンルで、60年代に一般化し、これまでにジャズではチャールズ・ミンガスやエルメート・パスコアール、ロックではデヴィッド・バーンがアプローチしてきた。00年代にチリのセニョール・ココナツ周辺やアルゼンチンからチャンチャ・ヴィア・シルクイトにマティ・ズンデル、ファウナや〈ZZK Records〉がディジタル・クンビアとしてエレクトロニック化を進めるとクラブ・ミュージックにも流入し始め、これに対する本家からのアンサーとしてボンバ・エステレオ『Elegancia Tropical』（13）やメリディアン・ブラザーズ『Desesperanza』（12）、ロス・ピラーニャ『Toma Tu Jabon Kapax』（11）やキング・コジャ『Cumbias De Villa Donde』（09）が急浮上。のんびりとしたリズムに様々なサイケデリック効果を加えて奇天烈なサウンドへの傾斜を強めた結果、ペルーのデング・デング・デング『La Alianza Profana』（12）やノヴァリマ『Planetario』（15）、メキシカン・インスティチュート・オブ・サウンド『Soy Sauce』（13）に民謡クルセイダーズ『エコーズ・オブ・ジャパン』（17）と応用範囲が一気に拡大。クアンティックの別名義やキャピトル・Kも独自の解釈を加えるなか、NYではジャーダン・ブラックムーア『Buzzrock Warrior』（15）やアトロポリス『Time of Sine』（19）がレゲトンやダンスホールと融合させ、ロック・バンドでもロス・ロボスやチカーノ・バットマン、さらにはキャレキシコも取り入れ始めた。デスカルガ（ジャム・セッション）の要素を加えたロンペラージョ『Así No Se Puede Muchaches』（22）やハウスと融合させたエクアドルのニコラ・クルズによる多数のシングルでさらにリーチを広げ、アルカも『Kick III』では控えめに、『Kick IIII』（ともに22）では大胆にピック・アップ。コロンビア政府は今年、クンビアを国家遺産に認定した。（M）

ゴム
Gqom

クワイト（＝南アのハウス・ミュージック）とベース・ミュージックが融合してミニマル化したもので、ハウスに分類されることが多いけれど、ベースの重さといい、ビートの強さといい、それまで地方都市のダーバンを特徴づけていたブラックコーフィーやプロフェッサー・ランガといったディープ・ハウスとは明らかに一線を画している（テクノと考えた方が自然）。ジャンル名はズールー式のスネアを叩く音に由来し、発音は尻上がりのアクセントで「ゴム」と「コン」の中間。10年代中盤から急速にムーヴメント化し、UKガラージのDJナン・コーレが設立した〈Gqom Oh!〉と〈Python Syndicate〉を通じて広く世界に伝えられることに。ドミノウェやなかなかアルバムを出さなかったシティズン・ボーイなどが代表格（個人的には少しヒネったオワミ・ウムシンドが最高〜）。コード9やテキ・ラテックス、ローレル・ヘイローやミラ・カリックスがDJミックスで取り上げ、20年代に入るとグリフィット・ヴィゴ『I Am Gqom』（20）やDJラグ『Meeting With The King』（22）が重厚で聞き応えのあるアルバムをリリース（DJラグはビヨンセ『The Lion King』にもフィーチャー）。〈Gqom Oh!〉が開店休業状態になると〈Nyege Nyege〉や傘下の〈Hakuna Kulala〉からコンゴやウガンダからオーセンティカリー・プラスティックやクリスマンなども参入。当初は4つ打ちではないことがことさらに強調されていて、南ア以外にも広まるにつれてその決まりはなしくずしになり、ヨーロッパのプロデューサーたちがゴムに挑んだ『Afrospherical』シリーズを聴くと、南ア以外の人がいかにダメかというのがよくわかる。（M）

アマピアノ
Amapiano

ベースが強いゴムとは異なり、クワイト（＝南アのハウス・ミュージック）のベース・ラインをそのまま残してピアノの演奏をミックスしたトライバル調のディープ・ハウス。アマピアノの起源は定かではないけれど、ディープ・ハウス自体は地方都市のプレトリアで活躍していたG・ファミリーからジュリアン・ゴメスがソロでイギリスのアット・ジャズとコラボレーションした『The Gift The Curse』（13）が早い時期の代表作とされ、同時期にダーバンでゴムが隆盛し始めると、これと対抗するかのようにプレトリアではアマピアノが盛り上がり、南ア全土だけではなく世界にも知れ渡る。プレトリアでは08年にDJムジャヴァ〝Township Funk〟が大ヒットし、バカルディと呼ばれるジャンルが盛んになるものの、〝Township Funk〟によって誇張されたミリタリー・ドラムはゴムに色濃く継承されていたため、メディアによる多少の誇張はあったかもしれないけれど、プレトリアに対抗意識が芽生えたことはウソではないと思う。いずれにしろプレトリアはヨハネスブルグ、ケープタウン、ダーバンに次ぐ南アで第4の音楽都市に急浮上した。メジャー・レイザーやドレイクと共演の機会が多いDJモルフォサやメジャー・リーグDJZが代表格。ゴムとかアマピアノといった新たなジャンル名がつけられていないクワイトにもジット・モワやDJティアーズ・PLKなどユニークなプロデューサーは数多いて、なかではキッド・フォンクが発掘したエル・パヨ『In Motion』が22年には大きな注目を集めている。（M）

ハイライフ／ヒップライフ
Highlife / Hiplife

植民地時代のガーナで貴族階級から生まれ、周辺国の労働者たちに広がったアップテンポでメロディアスなアフロビートの前触れ。60年代にはフェラ・クティもやっていたようで、代表格はエボ・テイラーやジェドゥーブレイ・アンボリー。ロンドン生まれのナイジェリア系シンガー、イーノ・ウイリアムズ率いる8人組のファンク・バンド、イビビオ・サウンド・マシーンが『Doko Mien』をリリースした19年に、エボ・テイラーの作品を中心に70～80年代の音源が集中的に再発された。ジミ・テナーも『Aulos』で取り入れている。ハイライフとヒップホップが結びついたものはヒップライフと称されてナイジェリアのシーンとも絡み合い、ジェイ・Qやフォン・ブアらが先導してきたものの、なぜかカナダやスロヴァキアの方が異様に盛り上がっている。ビヨンセ『The Lion King』、ビースティー・ボーイズ『Hotsaucecommitteeparttwo』、バッド・ホップ『Mobb Life』にも何曲かフィーチャーされている。（M）

クゥドロ
Kuduro

内戦を逃れ、アンゴラからポルトガルへ渡った移民を通じて90年代にハウスと結びつき、最初は中産階級に広まった一種の戦時音楽で、クゥドゥロのパフォーマーはクゥドゥリスタと称される。サンプリングと結びついた第2波はかなり荒々しく、フランスで一時的に盛り上がり、さらに下層階級を中心にダンス・フィーヴァーが巻き起こった結果、08年にブラカ・ソム・システマやM.I.A.がグライムやテクノとの融合を図り始める。11年には早くもピークを迎え、これらを洗練させて再び中産階級への揺り戻しを図ったのが〈Principe〉で、13年にDJニガ・フォックス〝O Meu Estilo〟をリリースすると、これをフライング・ロータスがDJで使ったことから世界的にも広く知れ渡ることに。〝O Meu Estilo〟はクゥドゥロだけでなく、ポルトガルの民族音楽もミックスされていたことがユニークだった。〈Principe〉は急進的なスタイルを崩さず、ニディア『Nídia É Má, Nídia É Fudida』（17）やナイアガラ『Apologia』（18）を次々と送り出すも、同レーベルの重鎮的な存在であるDJマーフォックスは00年代中期を回顧する『Revolução 2005-2008』を別なレーベルからリリースし、マンチェスター在のナザール（アンゴラ系）は再度反発を示し、以前のスタイルをラフ・クゥドロと呼んでオルタナティヴな響きを加えた『Guerrilla』を〈Hyperdub〉からリリース。（M）

ガバ
Gabber

90年代初頭、オランダのロッテルダム生まれのニッチなハードコア・レイヴ・ミュージック。超高速BPMのキックドラムに特徴を持っている。それが近年、どういうわけか再燃している。２０２０年に『ガーディアン』はその復活の記事を掲載、ニナ・クラヴィッツやPCミュージックのDanny L Harleもいまやガバを好み、UKジャングリストのSpecial Requestも『Vortex』（19）で試みている。ロンドンのDJ Ifeoluwaの説明によれば「人はイライラし、怒り、幻滅している。彼らは負のエネルギーを外に出す必要がある」とこのリヴァイヴァルを説明している。かつては極右に関連付けられていたこともあるガバだが、近年ではLGBTQコミュニティでの受けも良く、愛と寛容の象徴になっているとか。ビョークが『Fossora』で取り入れていましたね。（N）

マイクロジャンル
Microgenre

10年前を思い出してみよう。チルウェイヴ、グローファイ、ヒプナゴジック・ポップ、ウィッチ・ハウス、ウォンキー、ヴェイパーウェイヴ、クラウド・ラップ、ノーファイ、シット・コア、ドローン・メタル、フューチャー・ベース、ディストロイド（ヴェイパーウェイヴの暗黒版、ニック・ランドの加速主義と関連づけられる）……わりと最近でもインディートロニカ（インディ＋エレクトロニカ、カリブーやコーネリアスなど）とか、コンセプトロニカ（政治や社会を主題とした電子音楽。チーノ・アモービ、リー・ギャンブル、ホーリー・ハンドンなど）とか。ジャンルの細分化が加速し、マイクロジャンルは日夜量産されている。（N）

ハイパーポップ
Hyperpop

インターネット時代のエキセントリックなマイクロジャンルの総称。Spotifyのプレイリストになったことで拡散。過去10年間に作られたインターネット生まれの音楽でハイパーポップに括られない音楽を見つけるほうが難しいと『Dazed』が皮肉ったように、最大限に拡張されたタームでもあるのだが、なんとなくPCミュージックやチャーリーXCXがその象徴になっている。ここにソフィーやアルカも入るらしい。（N）

バブルガム・ベース
Bubblegum Bass

ハドソン・モホークとマイク・スロットのヘラルズ・オブ・チェンジ〝Bopgum〟（07）が始まりだった。前者はさらにソロ作『Butter』（09）でディジタル時代のコラージュ・サウンドをポップの文脈で普遍化し、ソフィアやPCミュージックへ受け継がれる。マーケティングと自意識をすり替えたり、幼児化を気取ることがポスト・モダンの様式性にフィットしたということなのか、きくおやメイシ・スマイル、最初はダンスホールもやっていたケロ・ケロ・ボニトなどJ・ポップとの親和性が高く、日本のアニメがヴィジアルに使われることも多かった。次第にカトゥーン文化に特有のドメスティックな性格に重心が移動すると、すぐにもバービー人形へのオブセッションがインフレ化し、アメリカ文化を批評的な角度から捉える表現が増え、『Butter』にパンク・アティチュードを注入したM.I.A.『MAYA』を迂回して１００ゲックス『1000 Gecs』（19）にたどり着くと自己破壊的な性格を前景化させることに。また、トランスジェンダーと重なる傾向があり、40年前のゲイ・アンセム、コミュナーズ〝Tomorrow〟と同じテーマを扱うタミ・T〝Single Right Now〟との差には深い感慨が。２０２２年はトゥー・シェルが〝Home〟でぶいぶい言わせた。（M）

インディ・スリーズ・リヴァイヴァル
Indie sleaze revival

20周期のノスタルジーの現代版。リバティーンズ、M.I.A.、アークティック・モンキーズ、ザ・ストロークス、フランツ・フェルディナンドなどなど、ゼロ年代の（主にファッション）のリヴァイヴァルで、インスタグラムとTikTokで拡散された。人は中年の入口に立ったとき、自分の若かったころのトレンドに思いを馳せる傾向にあるという。ちょうどいま30代後半から40代前半がそう。（N）

ルージング・マイ・エッジ
Losing My Edge

この10年の音楽メディアで、自分はその時代に生きてもいないのに、あたかもその時代を知っているかのような原稿を散見するようになった。80年代を知らないはずの世代が知った気になって書いてしまう。これは、少なくとも20年前にはなかった現象で、インターネットの情報量は人間をこのように錯覚させ、歴史を書き換えてしまう。ぼくは１９６０年代生まれだが、60年代の日本がどんなだったのかなんてとてもじゃないが書けない。自分がある程度の知識を身につけてからでなければ、時代なんぞ見れないだろう。こうした、あたかも自分を「そこにいた」気にさせてしまう時代の到来を予見したのが、ジェイムズ・マーフィーだった。〝Losing My Edge〟の本当の意味を我々が理解することになったのは、その曲がリリースされてからなんと20年後のことだったというわけだ。（N）

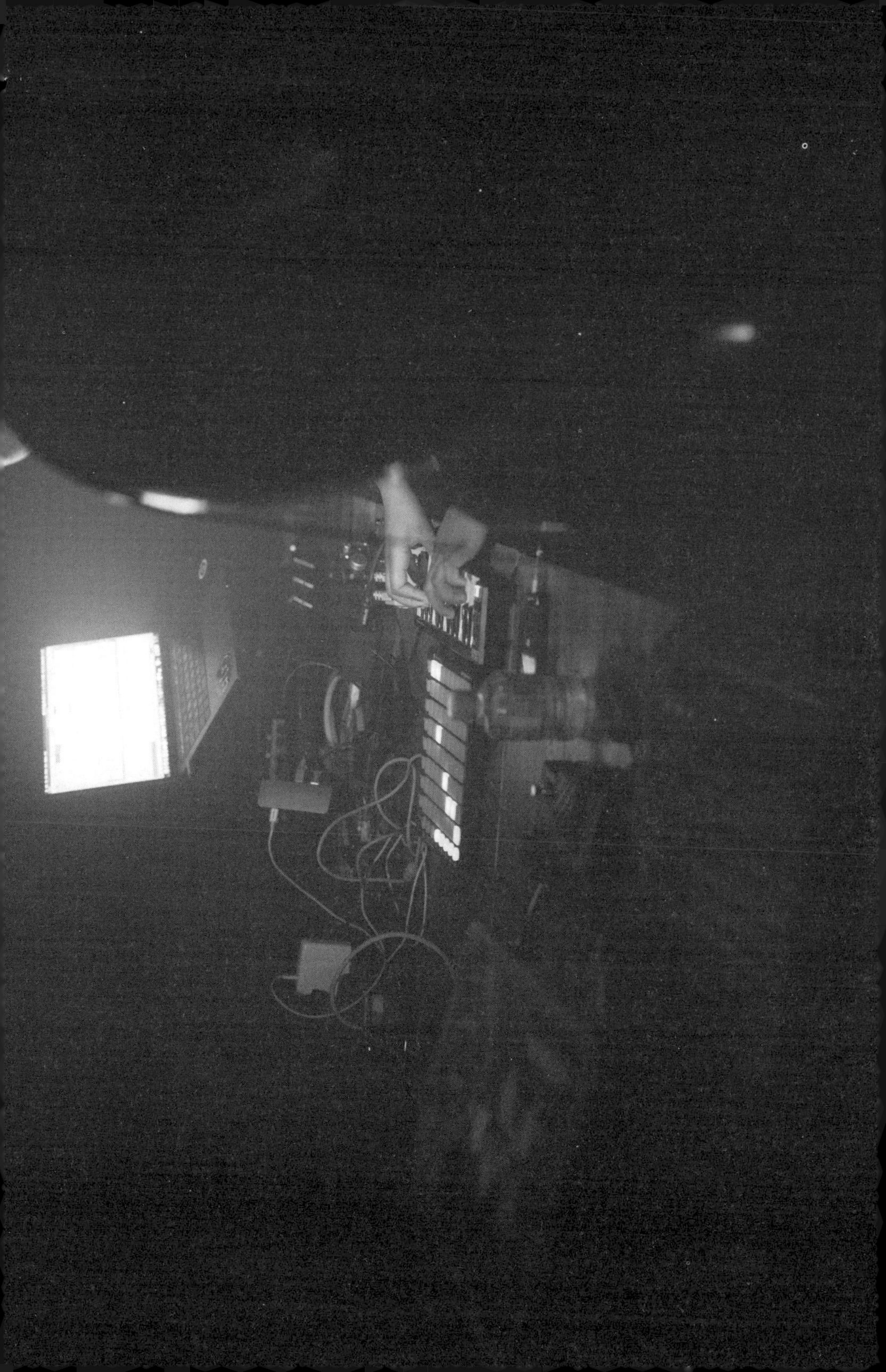

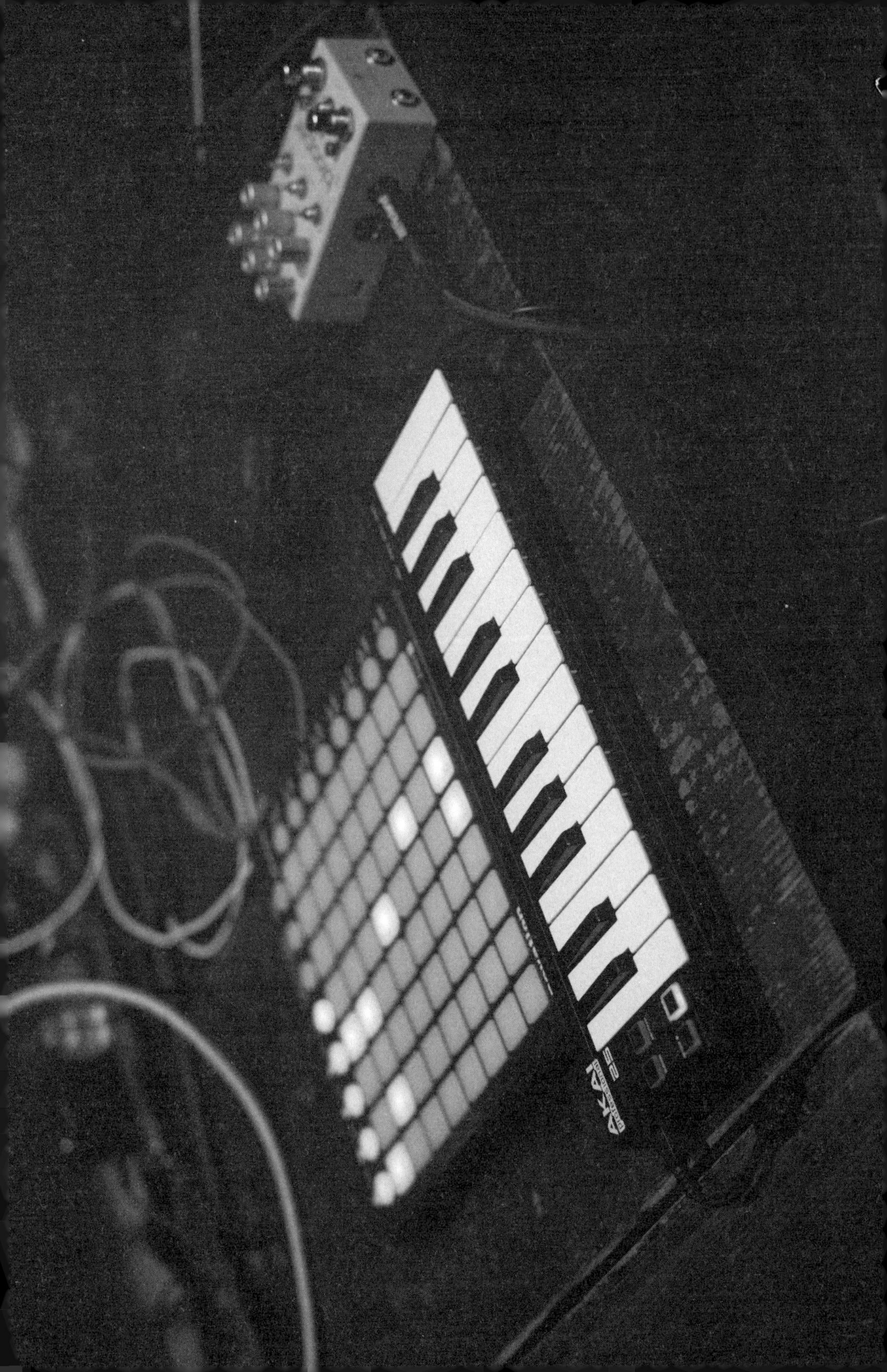
AKAI

What Is Decolonization?
２０２０年代を方向づける「ディコロナイゼーション」という運動

文：浅沼優子
written by Yuko Asanuma

２０２２年の7月、ドイツは「ベニン・ブロンズ」と呼ばれる、現在のナイジェリアに位置していた旧ベニン王国のブロンズ像の一部をナイジェリアに返還した。これを皮切りに、19世紀から所蔵されていた計５１２点の略奪品であるブロンズ像を返還していく合意がすでにナイジェリアとの間で交わされているという。ほぼ同時期に、フランスや英国の博物館や教育機関も返還を決定している。

同じく２０２２年の夏（6〜9月）、ドイツのカッセルで開催された五年に一度の現代美術の祭典「ドクメンタ（Documenta）」では、ジャカルタのアート・コレクティヴがキュレーターに抜擢された。その結果、西洋中心主義的な（美術の）世界に根底から揺さぶりをかけるような、グローバル・サウスを中心としたアート・アクティヴィスムの壮大なるショーケースとなり、様々な議論を呼び話題となった。

また、その少し前の今年4月、フランクフルトに「近代電子音楽博物館（MOMEM: Museum of Modern

Electronic Music)」がオープンした際は、オープンのニュースが広まるよりも先に、女性アーティスト・ネットワーク「female:pressure」が、その白人シス男性に偏った組織と展示内容を痛烈に糾弾する公開書簡をフランクフルト市に送りつけ、音楽メディアが一斉にその批判を報道するという出来事があった。

　このような動きを集約する言葉が、「ディコロナイゼーション（decolonization）＝脱植民地化、もしくは非植民地化」である。辞書で「脱植民地化」という言葉を調べると、植民地が宗主国から独立すること、と大抵の場合は書いてあるのだが、昨今の、特に文化や芸術分野で使用される場合の意味はもっと深く、複雑だ。だから本稿では、差別化するためにあえてカタカナ表記にしておく。残念ながら、植民地が経済的・政治的に独立したとしても、構造的な格差や不平等は解消されないばかりか悪化している場合さえあり、ポスト・コロニアリズム研究が進んだからといって文化的・心理的トラウマが消えるわけではなかった。

　そもそも、ディコロナイゼーションが叫ばれるようになったことと、ブラック・ライヴズ・マター（以下ＢＬＭ）運動の高まりは密接に関係している。２０１３年にはじまったＢＬＭは、反人種差別運動の象徴として黒人以外からも多くの支持を集めた。ＢＬＭの訴えは「黒人を差別するな」ではなく、「黒人を殺す差別的な構造を撤廃しろ」である。つまり、個人の気持ちや態度（だけ）の問題ではなく、社会的な構造を問題にしている。レイシズムについて理解を深めていくと、やがてそれは植民地支配を正当化するために生み出された理論であるということを知る。人種という概念も、機会の不平等も、南北格差も、貧困問題も、気候正義の問題も、元を辿れば植民地主義が根源にある。こうした複雑かつ複合的な格差や歪みを是正しながら、奪われたものを取り返していこうという動きを包括的に「ディコロナイズする」と呼ぶようになったのだ。

　そして、２０２０年を経て、「人種差別反対」と意思表示をする、つまりアンチ・レイシストの表明だけでは不十分であり、差別的な構造そのものを変えていく、変えるための行動、つまりディコロナイズのプロセスに参加していくことが必要だと認識されるようになった。

博物館や美術館におけるディコロナイゼーションは一般のニュースにも取り上げられるトピックとなったが、エレクトロニック・ミュージックの世界においてはどんなことが起こっているのか。

例えばダンス・ミュージックの「ホワイト・ウォッシュ（白人化）」に対抗し、ブラック・ルーツ回帰を促すディフォレスト・ブラウン・ジュニア（akaスピーカー・ミュージック）が２０１８年に立ち上げた、その名も「Make Techno Black Again（テクノを黒人の手に取り戻せ）」というプロジェクトがある。彼は今年、黒人文化としてのテクノの歴史をまとめた『Assembling A Black Counter Culture（黒人カウンター・カルチャーの構築）』という書籍を刊行している。同じくニューヨークで、黒人の視点で黒人のアーティストをキュレーションしたエレクトロニック・ミュージック・フェスティバルとして２０１９年にはじまった「Dweller」は、ブログ兼膨大な資料を無償で提供する情報プラットフォームとしても機能している。

パンデミック中にBandcamp上で黒人アーティスト作品の購買を促すためにはじまった「Black Bandcamp」という試みから進化した、「Black Artist Database（B.A.D.）」はロンドンとベルリンの有志たちによって運営されており、いまではイベントやワークショップなどを通じて黒人アーティストをサポートするプラットフォームとなっている。これまでヨーロッパ社会で周縁化されてきた、アフリカ系移民の若者たちがクドゥーロなどの西アフリカ音楽を取り入れた、独自のサウンドを完全にインディペンデントに発信し続けるリスボンのレコード・レーベル〈Príncipe〉も良い例だ。

これまで極めて黒人のアーティストが少なかったアンビエント／ノイズの分野で、ＫＭＲＵというナイロビ出身のアーティストや、スペース・アフリカ（Space Afrika）が活躍しはじめたことも広義のディコロナイゼーションの一環と呼べるだろう。ベルリン市内にパンデミック中に立ち上がった、オンライン・ラジオ局「Refuge Worldwide」は、地元の音楽シーンのなかでも特にマイノリティのコミュニティーに発信の機会を提供しており、ブランドのサポートを受けてDJワークショップとクラブ・イベントのヨーロッパ・ツアーをおこなうなどして活動の場とネットワークを広げている。2021年の「CTM」フェスティバルでは、イラン系シリア人アーティストのKhyam Allamiが、Ableton LiveやLogicといった音楽制作ソフトウェアは西洋音階の西洋音楽理論をベースに設計されているので、非西洋圏の音楽家の創造性を制限するとして、音楽制作をディコロナイズする無料ソフトウエアのCounterpointとApotomeを発表した。

欧米中心主義的なダンス・ミュージック業界に挑戦し、メキシコシティからレゲトンやクンビアを取り入れた独自のスタイルを発信しているレーベル〈N.A.A.F.I〉や、アフリカ各地の最新のストリート・シーンを発掘し、グローバル・サウス間の交流も深めながら尖ったダンス・ミュージックを次々と紹介しているウガンダはカンパラのレーベル兼フェスティバル〈Nyege Nyege〉も完全に新しい潮流を作った。ガーナのアクラに今年の頭に立ち上がったオンライン・ラジオ局「Oroko Radio」もアフリカ各地の気鋭アーティストたちをレジデントに迎えるなどし、RAやBoiler Roomとも提携しながら、現地ならではのコンテンツを発信していて今後が楽しみである。

現在のところ、「ディコロナイゼーション」は「脱白人・西洋中心主義」という意味で使用されることが多く、その流れでアジアの事例として上海のレーベル〈SVBK VLT〉や、汎アジア・コレクティヴAsian Dope Boysが取り上げられることも多いのだが、日本は植民地主義・帝国主義に関しては「ディコロナイズ」する側ではなくされる側であることを自覚しておくべきだろう。特に国外で活動するアーティストや関係者は、過去の歴史と向き合うことが今後求められてくると思う。

Music Returning to an Ancient Magic
音楽は古代的な「魔法」のような存在に戻りつつある

文：ミランダ・レミントン
written by Miranda Remington

ミランダ・レミントン
(Miranda Remington)
東京育ち、イギリス在留。南ロンドンのクラブ、ペッカム・オーディオで働いている。ライター、イベント・オーガナイザーとして日本とヨーロッパの文化交流に努めている。

大勢で音を味合うことがまだ不思議に感じるいまでもなお、隔離期間の沈黙で創造された奇妙な物質が周囲に流れている気がする。そもそも孤独に生きているいまの人はハイパーコネクテッド時代、銀河のようにある「小さな世界」を音楽のなかで探検している。名の通ったジャンルはますます細分化されていることにつれて、音楽は伝統的にあったメディアの枠の超えるぼんやりとした実態として広がっていき、かつて誰もが口ずさめる歌もどんどん歪んでいく。

パンデミックの隔離宣言が解除されたとき、シリアスなクラブ・アルバムではビートのないものがまず増えた。〈Hyperdub〉によりリリースされたベリアルの最新アルバム『Antidawn』はいままでよりも幽霊的だし、目が眩むようなテクノをＤＪしていたアヤのアルバム『Im hole』は、繊細な囁きで快楽と不安を彷徨う。特にいま絶賛されているロレイン・ジェイムズ、２０２１年の『Reflection』は崩れたグライムを無重力に取り混ぜていて、自分の内心を調べる音は孤独に支配された

Sarahsson
The Horgenaith
Illegal Data (2022)

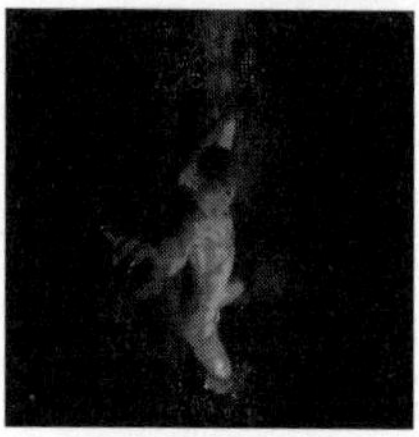

社会に合っている。ワットエヴァー・ザ・ウェザーという名で２０２２年にリリースされた作品は地質学的な時間枠のなかで減速するアンビエント・プロジェクトで、コズミックな領域に逃げ込んでいる。不安が漂う世のなか、ライヴもツアーもできなかったアーティストたちが閉じ込められた日常で想像するものが幻想的になっていくのはおかしくない。

一方、加速するＢＰＭで現代を表そうとする音楽では別の突然変異が深まっていた。我々がいかに通信技術へ依存しているかがコロナで確かになったせいか、ネットユーザーの間で新しいジャンルが受け入れられるようになる。

ハイパーポップは、そのキラキラした完璧主義プロダクションで、画面の世界のヴィジュアルだけではなく、異なるメディアでも広がるようなアイデンティティーをわざと表している。いくら表面的にファンタジーな音を飾っていても、新しい世代のリスナーにとっては、シリアスなテクノより、現実逃避させてくれるアニメやゲームの無心な甘さの方が響くだろう。

〈PC Music〉レーベルの創設者エージー・クックは、歌手ハンナ・ダイアモンドとコラボをはじめたときから、彼女自体を「mp3ファイルのようなエンティティー」として扱っている。デジタル・ブランディングの純然たる次元から私たちに呼びかけ、世のなかを纏う「ポップ」という電気の幻そのものを素材にした芸術だ。ロックダウン後、ハイパーポップ系のイベントの圧倒的な存在感（特に有名なのは２０２２年6月におこなわれた「ＰＣミュージック・ショーケース」。14人のアーティストが10分間のライヴを高速連打した）により、ヴァーチャルはより具体化された。絶え間ないライヴ・ストリーミングが現実となる以上、日常生活のなかグラマラスな幻覚が偏在している。

アーティストの激化するマルチメディア性は〈PC Music〉以外でもステージ上で観賞できる。例えば、煙とドライアイスにまとわれながらビデオとともに繰り広げられるモジュラー奏者カタリナ・バービエーリのライヴ。パフォーマンスごとにインタラクティヴなインスタレーションと呼べる。ファンタジー・ゲームから漏れ

SWAN MEAT
BLOOD SUPERNOVA
swanni (2022)

出した世界を描写する歌手ユール（yeule）は、ライヴ時不思議な輪っかのような光を背景にする。似ているのは、最近〈4AD〉との契約を発表した作曲家・チェロ奏者のルシンダ・チュア（Lucinda Chua）。「ムーンゲート」という門のような物とともに神秘的な音を披露する。それぞれ音楽のスタイルは違っても「私たちの音は非現実的な世界への連絡口よ」と言っているようだ。伝統的な要素に取り組んでも、聴き手を浮遊させる音は、ヴァーチャルの果てしなさを思わせる。

　クラブという場所そのものもヴァーチャルと化していった。ロンドンで2018年にオープンした24時間営業のFOLDはヴィジュアルと音を平等に扱い、カスタムビルドのサウンドと未来的な映像、建築によって最大限のクラブ経験を提供している。だが、オープンしてから数年はライヴ・ストーミングがメイン・イベントとなってしまった。FOLDのヴィジュアル担当のリアム・ヌーナン（かつアーティストのSWARMM）に聞けば、それにより再オープン時長蛇の列ができたが、永遠のクラブ・ランドを配信させたお客さんの高まった期待に応じる挑戦ができたという。

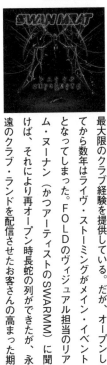

　また2020年にクラブが閉鎖された時点で、〈PC Music〉のもうひとりの創設者ダニ・エル・ハールは、「Harlecore」というプロジェクトで「レイヴの終わらない次元」を構成していた。これは2021年に〈Mad Decent〉からリリースされるEDM／ハッピーハードコア・アルバムにもなったが、インターネット上（https://harlecore.re）で経験できる仮想空間が元のコンセプトだ。音は90年代のレイヴ・ジャンルを表面的に集め、そのエネルギーを概念的に描写し、実際クラブに行かないオタクとして育った世代のための、頭のなかのユートピアを楽譜にしている。そもそも疑いの多いいま、経済的不安のなかで運営されているクラブが「快楽のパラダイス」だということは信じがたいかもしれない。そんな場所が次々に閉鎖される間、電子音楽は別次元で矛盾のない自由を維持させている。

　現実と理想が曖昧になってくるにつれて、数え切れないハッシュタグやミームが新しい民族文化となる。そして世の末のムードのなか、音楽は古代的な「魔法」のような存在に戻りつつある。ヨーロッパでは中世のおとぎ話がテーマになったレイヴをよく見るし、ドワーフや妖精の格好をしたレイヴァーとよく出会う。パフォーマンス・アーティスト、サーラソン（Sarahsson）は新石器時代にまつわる神話をテーマとして、古代の洞窟で生まれたかのような作曲を儀式的に披露する。ファンタジー・ゲームの作曲を依頼されるプロデューサーも最近増え、ゴシックな世界感を完全なる刺激で召喚するDJ、特にワシントン出身のスワンミートが制作するようなカルト・アルバムが登場している。

科学技術が進んだとはいえ、それが生み出す音はいままで以上に把握しづらい現実を反映している。音楽はヴァーチャルに浸って意味で人を繋ぐが、実際引き離された我々はそれぞれ曲のなかの無限な世界にいくらでも逃げこめる。クラブという場所、主流文化という共同資源から意識は離れつつあるが、それでも音楽は魔法のように不安定な世のなかを導いてくれる。

The Age of Violence and Fear
暴力と恐怖の時代

文：三田格
written by Itaru W. Mita

２０２０年1月1日にYouTubeで公開されたリル・ダーキーのデビュー・アルバム『This Does Not Exist』には元日から驚かされた。『これは存在しない』というタイトルは、元の音源をサウンドクラウドにアップしようとして拒絶されたことが由来をなし（現在はアップされている）、そのためのヴィデオもYouTubeからすぐに削除されていた（理由は忘れた）。その年の元旦は近所に住んでいる海猫沢めろんと伊賀倉健二が遊びに来て、誰ひとりとして観ていない映画『ジョーカー』について適当なことを言い合うという楽しい時間を過ごしたにもかかわらず、リル・ダーキーがあまりにパンクで凶暴なヒップホップをやっていたため、その夜のうちにすべてが台無しに。４ヶ月置いてコロナ騒ぎが本格化しはじめた頃にリリースされたピンク・シーフ『Negro』も同じくで、これがまたオープニングから悲鳴のようなドローンに追いかけ回され、世界は乾いた恐怖に染め上げられていった。どうしてこんなことになるのだろう。２０１９年はこんなに暴力的ではなかった。本誌25号

Pink Siifu
Negro
de Rap Winkel Records (2020)

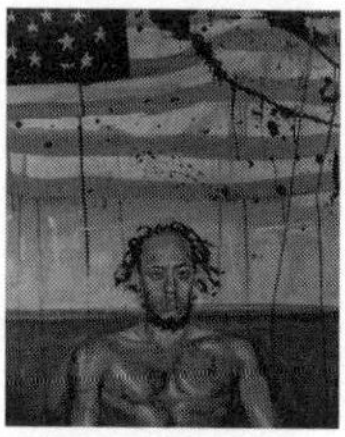

Don Zilla
Ekizikiza Mubwengula
Hakuna Kulala (2021)

をお持ちの方は「マシューさんと振り返る2019年」を読み返してみて下さい。楽し過ぎてめまいがしてきます。

　トランプの国会乱入、プーチンの戦争、そして安倍晋三銃撃と20年代が「暴力と恐怖の時代」に突入することはすでに予告されていたということだろうか。いや、その予兆は2016年にリリースされたヤイール・エラザール・グロットマンによる別名義『Blessed Initiative』が「不安」をテーマにしたアンビエント・アルバムをリリースしたときからゆっくりと根を張り巡らせていた。『Blessed Initiative』以降、アンビエント表現にはそれまでにはなかったトゲトゲしい音が混入しはじめるようになり、フエアコ・Sや〈Experiences Ltd〉周辺がそうした傾向の急先鋒となっていく。ジャズ・ドラマーから転向したクレア・ラウジーもログ（ペリラ&ウラ）に劣らず鬱屈として出口のない表現に軌道修正し、ニューエイジやヴェイパーウェイヴがもたらす多幸感は逆説的な意味を際立たせていく。不安を取り除くためには話し合いが有効だったはずなのに、実際に起きたことは暴力によって不安を解消しようとするショートカットで、暴力というのは社会が約束事の上に成り立っている幻想だということを瞬時にして暴いてしまう。イメージだけでも暴力には効果がある。まずはパンク・バンドがとにかく増えた。アイドルズ、P.E.、ムーア・ジュエリー、スペシャル・インタレスト、ヒッキーズ、ロウワータウン、ウー・ルー……まさかここへ来て東京ロッカーズみたいなバンドを次から次へと聞くとは思わなかった。ビリー・ノーメイツ、リンダ・リンダズ、ビッグ・ジョーニー、ウェット・レッグ、おとぼけビ〜バ〜……とライオット・ガールズ・リヴァイヴァルみたいなことまで起きている。

　ダンスフロアではヤナ・ラッシュやウラディスラフ・ディレイがインダストリアル・ステップを踏み、ラスト・ライフとヤナイがハーフタイム（用語解説参照）をハードコアに染め上げていく。〈Nyege Nyege Tapes〉のハウス・エンジニア、ドン・ジィラによる脅迫的で残酷な雰囲気を漂わせるベース・ミュージックにも圧倒されるしかなかった。ここは本当にアフリカなのだ

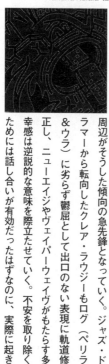

Yanai
The Final Ceremony
Kurnugû (2021)

Jazzoux
Quand Le Jus de Rythme...
In Paradisum (2022)

ろうか。話し合いはもはや不可能だという流れが加速する。議会政治が停滞し、専制政治が増えるという傾向もそれに沿っている。SNSが同質性を強めて分断を固定化させ、コミュニケーションもグローバル経済もブロックありきで進められていく。孤立した存在が暴力に訴えるというパターンはプーチンにも山上容疑者にも当てはまるし、組織にもコミュニティにも属していない人が単独行動を賛美するという土壌も整っていたのだろう。『ジョーカー』が2019年に公開されたことは本当に出来過ぎだった。2011年に『スペイン一家監禁事件』が公開されたときは暴力を振るう理由が一切語られていないことが作品を成立させていたけれど、そうしたデカダンに耐えられず、暴力を振るう理由で埋め尽くしたのが『ジョーカー』だった。そこには「ヘイトと格差の10年代」に増幅された感情が凝縮されていた。

　サミュエル・カーリッジの4thアルバム『Kick To Kill』はスーサイドのようにはじまり、メタル・パーカッションが不気味な情景を様々にデモンストレートしていく。ブリティッシュ・ハード・ミニマルの中核をなすリージスのレーベルで10年近く重苦しいインダストリアル・テクノを鳴らし続けたカーリッジは自身のレーベル〈Kick To Kill（蹴り殺す）〉を設立し、曲名も“ポゴ”“肉を切る”“絞殺愛”と凄惨なイメージに覆われ、曲によってはコイルにも近づく。これまでソマティカ名義でノイズに近い実験音楽をやり続けてきたアメディ・ドゥ・ムルシアとテリーヌ名義でテクノだかロックだかよくわからない音楽をやってきたクレア・ガペンヌが初めてタッグを組んだジャズーも『Quand Le Jus de Rythme...』で不安と恐怖を絡み合わせ、ピエール・アンリとオウテカを融合させた複雑怪奇でシュールなテクスチャーを編み上げていく（本人たちはこれをジャズだと言い張っている）。未知の音響が異様なまでに迫力を増していくプロセスはあらゆる面で緊張感が張り、まさしく暴力と恐怖を思わせる。『Drum Solo』でハーバートと組んだジュリアン・サートリアスが新たにフェルダーメルダーと組んだ『Bonn Route』も不安が夜の宙を舞い、どこからともなく恐怖が忍び寄ってくるサウンドの嵐。『道中、ご無事で』と逆説めいたタイトル

Samuel Kerridge
Kick To Kill
Kick To Kill (2022)

Forces
Inertia
Infinite Machine (2022)

に〝トンネル〟とか〝洞窟〟といった曲名が並び、〝車体が擦れ〟て、〝墓地〟〝学校〟と続く。さらに暴力的だと思ったのはフィンランドのフォーシィズによる『Inertia』。常態化してしまった暴力をだらしなく組織化したノイズ・ダブで、資本主義の構造的な危機を回避するために無力化していく政治の沈滞をテーマにしたものだという。これが異様なほど華やかなイメージの広がりを見せ、ポスト・インダストリアルの衰退を標榜するFOQL『Wehikut』とともにJ・G・バラードが音楽家だったら……という想像を刺激する。そして、ピンク・シーフから2年、M.I.A.が『MATA』で再び戦闘モードに回帰した。

Our top 30 albums of 2022

2022年度
年間ベスト・アルバム30選

　時代が10年単位のディケイドで変化するわけがない。変化にはグラデーションがあり、また、主観や遠近法によっても見え方は違ってくる。ことに現代は、いまから半世紀前の音楽だって新しく聴く時代だ。CANの『タゴマゴ』は51年前で、『リヴォルヴァー』は56年前の作品だ。

　昨年、アメリカの市場調査機関の報告によると、古い楽曲がアメリカの音楽市場の70%を占めていることがわかった。つまり、市場の成長は古い音楽が担い、新曲市場は縮小しているというわけだ。ポップ・カルチャーにとってつねに「NOW（いま）」が重要だったという神話は崩れているのだ。大手レーベルが新人発掘よりも過去のカタログに投資していることからもこの傾向はうかがえる。

　だが、これは人類がいつか過去を食い尽くすことであって、産業にとっても文化にとっても決して健全な話ではない。『資本主義リアリズム』は、人類が不妊症となったディストピアを描く映画『トゥモロー・ワールド』の話からはじまっている。

　新しい音楽が面白くない、という意見も多々ある。いまのバンドよりも昔のオアシスのほうが好きだという若者も珍しくない。近い将来、VRかホログラムで蘇ったジョン・レノンのライヴに人が殺到する日が来るかもしれないという意見もあろう。ぞっとする未来だ。それを拒否する術は、ここに挙げた30枚をチェックすることからはじまる。たぶん。

1

七尾旅人
Long Voyage

SPACE SHOWER MUSIC

UKにCRASSというアナーコ・パンクのバンドがいた。マーガレット・サッチャーの新自由主義政策と文字通り徹底的に闘ったバンドで、解散後にリリースされたベスト盤のジャケットにはこんな絵があった。ヘッドフォンをしたトレンディな若い男女がスケートしながら街を走っている。その背後では薄汚れたホームレスたちの一群が警察にとっちめられている。スケートしている若者たちの視界には、その光景は決して入らない——。そう、彼らの目には入ってこない。だが、七尾旅人は違う。彼の場合は、とっちめられている人たちこそ視界に入ってきてしまうようなのだ。音楽作品は時代を記録することができる。2022年はとんでもない1年だったが、ここに、より底辺から世界を見ようとした音楽家による心のこもった美しいアルバムが生まれた。

（野田努）

ジャジーでソウルフル、ぬくもりにあふれたアルバムだ。若手ミュージシャンの起用も功を奏している。まずは〝crossing〟の文学的ギミックに持っていかれる。扱われる題材は軽くない。困窮し飛び降りを考える父親、入管で虐待される難民、黒人奴隷、家出少女、障害者、すでに飛び降りを完了してしまった在日韓国人……ナレーターとキャラクターを巧みに切り替え、感情豊かに物語の外と内を往復する七尾のヴォーカルは、しかしどこかポジティヴだ。耳に残る、「未来」「明日」「星」といった単語たち。文化であると同時に生死を左右する「食」をテーマにした曲が複数ある点も重要だろう。七尾が見ているのは報道や統計には映らない、生身の人間の生活なのだ。それをすばらしいアートとして表現できる存在がこの国にもいること。それこそが希望だと思う。

（小林拓音）

2

Coby Sey
Conduit

AD 93

「貨幣を使わず繋がること／無視されることのない世界へ／困難な時代を切り抜けるために互いを支え合う／変化はすぐそこに来ている」――21年度のベスト・アルバム、ティルザの『Colourgrade』にも参加したロンドンのコビー・セイが、深刻なこの時代と向き合ったアルバムで、サウンドはいま風のエレクトロニクスだが、七尾旅人『Long Voyage』やスペシャル・インタレスト『Endure』と同様、ポジティヴなメッセージが込められている。と同時に本作には、相互監視と言葉の暴力に溢れたインターネット時代への警句も所々にあり、未来のために「いま」が犠牲にならぬよう、自らの生を確認するかのように「いまを生きる」というギリギリの言葉が繰り返されている。バランスが崩れてしまった社会では、彼のそのメッセージは決して空振りではない。

(野田努)

3

caroline
caroline

Rough Trade / ビート

今日のシーンでは、やたらテンポが速くなっている音楽が、とくにインターネット系では増えているように思える。まるで何かに急き立てられているかのような、そうしたけたたましさから１００万光年離れた音楽がここにある。〝図書からスカイダイヴィング（Skydiving onto the Library）〟しよう。以前にも書いたことだが、フォーク特集号をやろうと思ったのはロンドンの8人組、キャロラインのデビュー・アルバムに感動したからだった。〝Dark Blue〟や〝Good Mornig〟そして〝IWR〟といった曲はいつ聴いても名曲で、アルバムの完成度も高く、アートワークも素晴らしい。インタヴューでは彼らの若さとバンド内における民主制も見えて面白かった。アルバムとは別に発表した1曲、〝Peak Chroma〟も必聴。将来が楽しみなバンドだ。

(野田努)

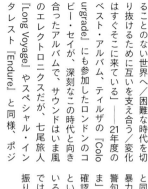

4

Special Interest
Endure

Rough Trade / ビート

マーク・フィッシャーはある講演において、やおら喋りながら若者の鬱病の増加と自殺の話になったとき突然声を荒げたという話を読んだ。現代はさらにきつい時代だが、ここは耐えて生きぬこう。これがパンク・ロックが再燃した2022年の象徴的な存在、ニューオーリンズのスペシャル・インタレストからの最大公約数のメッセージだ。しかもこのアルバムは、目の覚めるパンク・ソングとハウス・ミュージックが融和した、ほとんど完璧といえる内容。それぞれの楽曲ではこれでもかとアメリカを批判しつつ、他方では孤独な女の子に愛情を寄せているが、スペシャル・インタレストは自分たちの思想をごり押ししない。まずは一緒に楽しもう。ダニー・ボイルの『セックス・ピストルズ』は最低だったが、"Cherry Blue Intention" は最高だった。

（野田努）

5

Lucrecia Dalt
¡ay!

RVNG Intl. / PLANCHA

作品に横溢しているウィアードなエロティシズムの魅力たるや、まさに「発見（ユリーカ）」である。2022年のディアスポリックな音楽のなかで、妖しく眩かったのがコロンビア生まれでベルリンを拠点とするルクレシア・ダルトの本作。ダルトといえばエレクトロニクスと加工された不気味なヴォーカルの実験派として名が通っているが、〈RVNG Intl.〉からは3枚目となるこのアルバムにおいては、コンゴ、クラリネット、フルート、トランペット、コントラバスといった南米音楽の編成によるサルサ、メレンゲ、ボレロのリズム、そしてスペイン語のヴォーカルで臨んでいる。控えめに入るエレクトロニクスと微妙な音の加工がじつに効果的で、未来と伝統との緊張感を仄めかし、AIが生活に入り込んだ21世紀のラテンの夜を飾り立てている。

（野田努）

6

Moor Mother
Jazz Codes

ANTI- / Silent Trade

ムーア・マザーの最新ソロ・アルバムは、亡き詩人アミリ・バラカの精神にのっとって、過去と現在（彼女の言うところの「パッド（メモ帳）とペンで瞑想する」）のジャズ・ミュージシャンたちのリズムをリフにすると同時に、音楽を埋め込まれた記憶や奥深い真実として、異界の領域への入り口のように扱っている。彼女は再びスウェーデンのプロデューサーでインストゥルメンタリストのオロフ・メランダーと組み、ある種の明晰夢の状態にあるイリュージョン（幻影）と暗示の音楽を呼び起こしている。人を酔わせる、宇宙的な作品だ。『Jazz Codes』の気だるいグルーヴは、アイワがイリヴァーシブル・エンタングルメンツとともに披露する扇情的なフリー・ジャズとは別世界のように思えるが、どちらも音楽が解放の源となり得るという鋭い認識を共有している。（ジェイムズ・ハッドフィールド／ウェブ版９・13）

7

ulla
foam

3XL

２０２２年は日本ではブライアン・イーノ展が盛り上がって、ele-king booksの『アンビエント・ディフィニティヴ』も別冊イーノ号も売れた。良かった良かった。コロナ禍でその需要が増えたこともあるのだろうし、昔はエリート・リスナー向けだったこのジャンルも、今日では大衆向けの音楽として定着しつつあるのだろう。フェリシア・アトキンソンのように日本でもコア・リスナーから支持されていたウラ・ストラウスの新作は、バランスを崩したギザギザのルーピングとグリッチによる逆説的なアンビエント作品で、ニューエイジ的なこってりした心地よさとは対極にある。曲によっては彼女のエーテル状の歌声も入ったインディートロニカ（ジャンル用語の項を参照）的な側面もある。実験的だが耳に優しく、アートワークのようにキュートな楽曲集。

（野田努）

ele-king 30
101

8

pgLang / TDE / Aftermath / Interscope / ユニバーサル

Kendrick Lamar
Mr. Morale & The Big Steppers

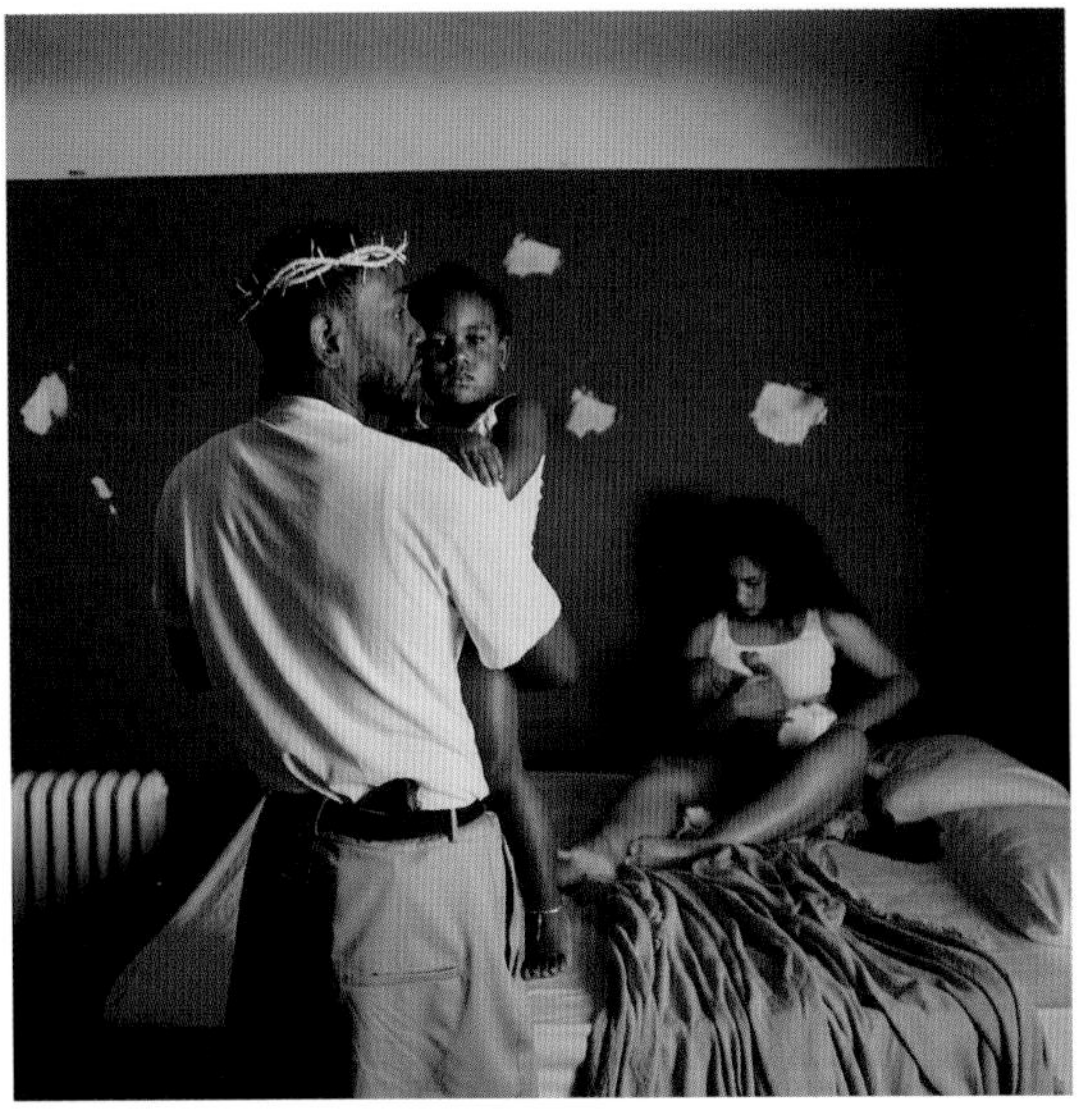

ウェブで書いたように、いまひとつ理解できないところがあったが、自分のなかでひとつの回答が出た。評価が分かれた原因となったコダック・ブラック（女性への暴行で逮捕歴アリ）の複数曲での起用と彼を支持するリリックが、自らの生々しい過去の断片（浮気や同性愛差別、白人女性との性行為等々）と同時に語られたとき、それは度が過ぎたキャンセル・カルチャーへのひとつの意見となる。リベラルにも評価されたラッパーがリベラルが幻滅するであろうことを敢えてやるのは何かを変えたいからで、これはリスクを負ったゼスチャーと言えるのでは。コダックのような人間を嫌うあんたらが評価している俺もこれだけの過去がある人間なんだと、ケンドリックはポップスターとして危険な賭に出たと。議論の余地はあるが、彼は間違いなく一石を投じている。

（野田努）

9

Shelter Press

Claire Rousay
Everything Perfect Is Already Here

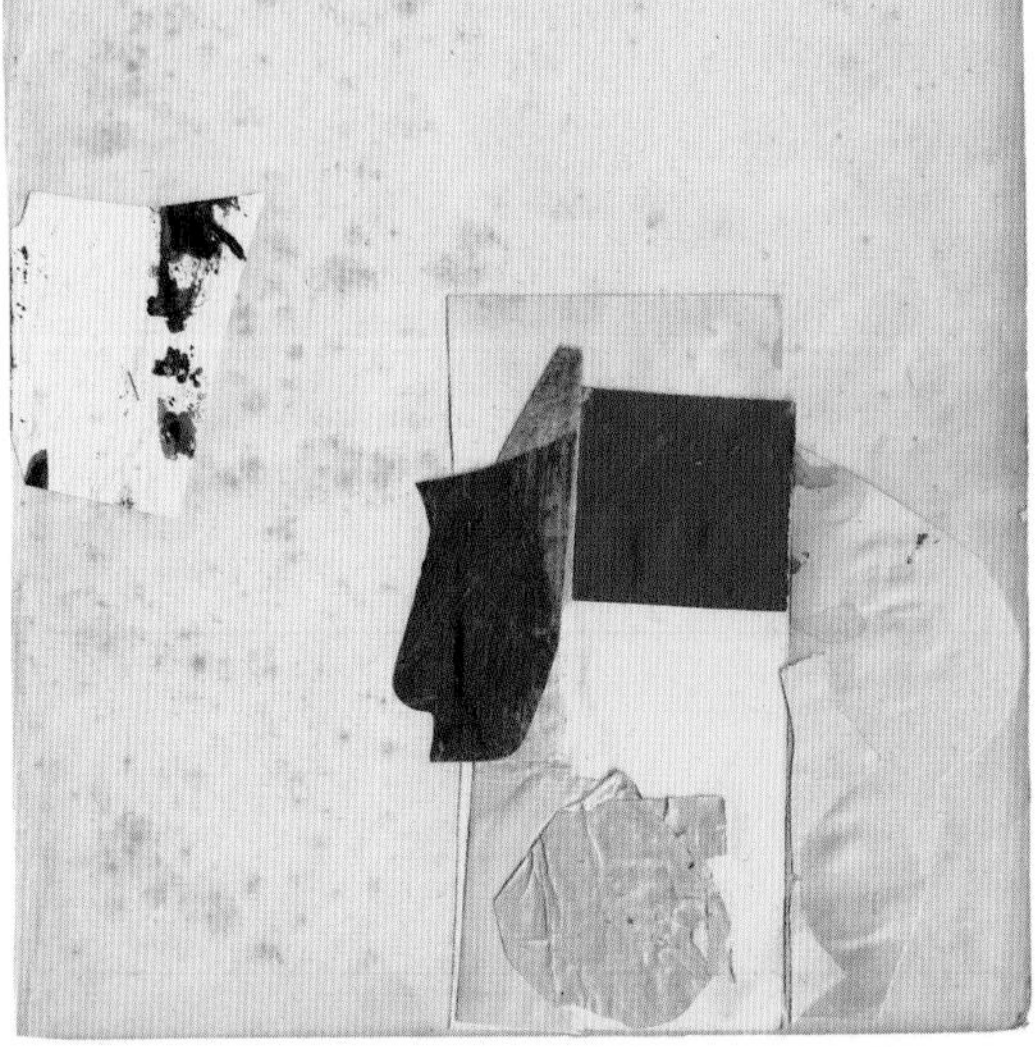

おそらくクレア・ロウセイはこう考えているだろう。20世紀にエクスペリメンタル・ミュージックと括られた音楽も、今世紀においてはポップな音楽として機能するはずだと。本作では、フィールド・レコーディングによって切り取られた日常のひと駒のさまざまな音を分解し、ピアノとギターもしくはストリングスを加え、愛らしい音楽作品として成立させている。いわゆるヴァーティカルな音楽で、そこでは美しい永遠がこだまする。なんだかんだ言いながら、我々が生きているこの一瞬は美しいのだろう。ロウセイはUSのクィアでトランスジェンダーの音楽家だが、自分の音楽の根拠をそうしたアンデンティティで語られることを好まない。これはひとりの人間の創作であることを強調している。15分ちょいが2曲の短めだが、なんとも魅力的なアンビエント。

（野田努）

ele-king 30

10

岡田拓郎
Betsu No Jilkan

NEWHERE MUSIC

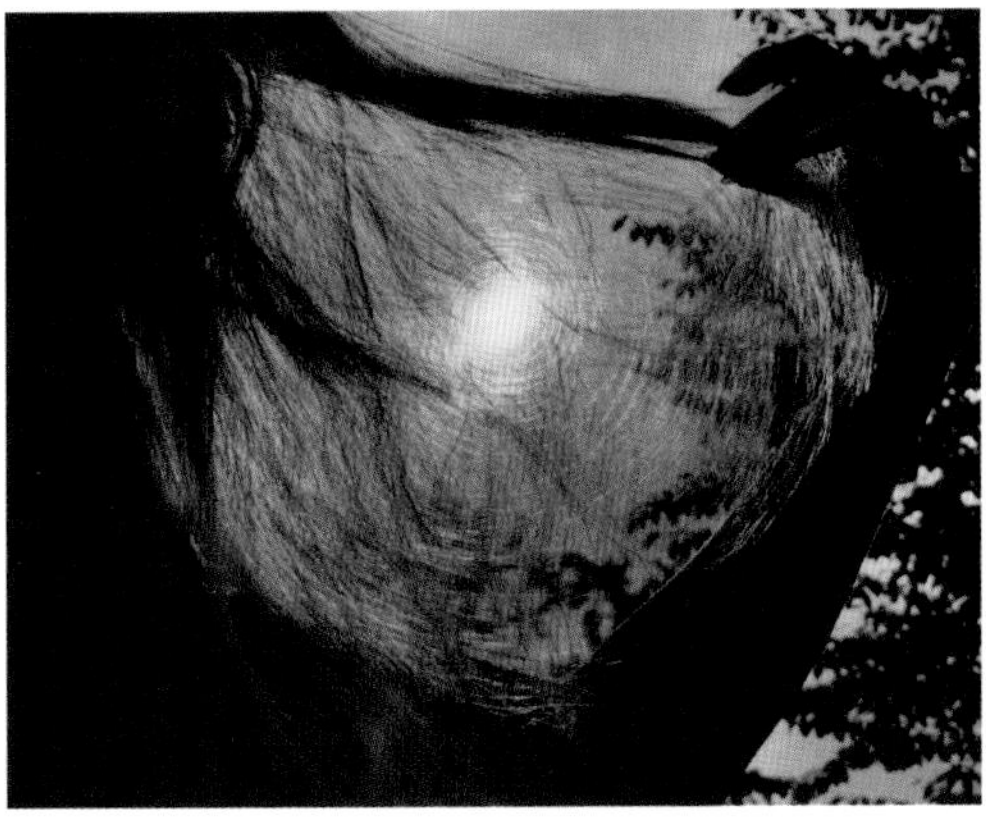

岡田拓郎のポップス的感性と実験精神がジャズのムードを纏いながら極上のサウンドへと結実したのが本盤である。打楽器奏者・石若駿との即興演奏を主な素材としつつ、他のゲスト・ミュージシャンの録音を交え、マイルス・デイヴィス＝テオ・マセロ流の編集作業を経て、いわば想像上のアンサンブルへと編み上げられた。単にジャズ的なムードを漂わせているだけでなく、コルトレーンからはじまりファラオ・サンダースを経由してアイラーへと至る、父・子・精霊のジャズの三位一体がアルバムを通じたひとつのモチーフとなっているとも言える。収集された無数の「自然の音≒即興演奏」が、本盤では多層的に重ねられ切り貼りや加工が施されながらも、まるで全体が「自然の音≒即興演奏」でもあるかのようにより大きなひとつの時間の流れを生み出している。

（細田成嗣／ウェブ版10・20）

11

Whatever The Weather
Whatever The Weather

Ghostly International / PLANCHA

ロレイン・ジェイムズによるアンビエント・プロジェクト。といっても4割くらいはビートを持った楽曲で、ドリルンベースの〝17℃〟は90年代後半以降のエイフェックス・ツインやスクエアプッシャーへの愛を惜しみなく披露。〝4℃〟や〝30℃〟では声の響きとビート両面における現代的な冒険が繰り広げられている。かつて心酔した音楽へのリスペクトと未知を探求する好奇心。ノンビートの曲はどれもうっとりするほど美しい。アートワークどおりひんやりした空気を漂わせつつ、不思議なぬくもりをまとってもいる。どこかジャズっぽいコードのおかげかもしれない。寒くもなく暑くもなく、夢見心地でありながら現実逃避的にはなりすぎず、うまく日常に寄り添いもするサウンド。前2作にあったラップがないかわりに、本盤は極上の心地良さを搭載している。

（小林拓音／ウェブ版5・27）

12

Big Thief
Dragon New Warm Mountain I Believe in You

4AD / ビート

ベースはフォーク・ロックにあるが、米国の田舎の風景が目に浮かぶような長閑なカントリー・ソングから空間的な音響を効かせたアンビエント・フォーク、アブストラクトなトラック、クラウトロック風の反復、ギターが荒々しく鳴るロック・チューンまで……曲のヴァリエーションそれ自体が面白い、バンドのポテンシャルを十全に発揮した2枚組。特筆すべきは録音だ。まるで4人が間近で演奏しているかのような生々しいタッチが残されており、呼吸の震えを伴うエイドリアン・レンカーの歌唱もあって、アンサンブルがまるで生き物のような温度や振動を携えている。歌詞世界はどこか空想がちで、だから社会からは少し離れた場所で4人のアンサンブルが成立。ビッグ・シーフは、魔法がこの世界にたしかに存在すると感じる人間の心の動きを音にしている。

（木津毅／ウェブ版2・14）

13

Björk
Fossora

One Little Independent / ビッグ・ナッシング

きのこに触発されたビョークの10枚目のスタジオ録音盤は、クラリネットの重奏とレゲトン風のビートではじまる。立体的で、位相に凝ったミキシングで、音響的にもユニークだ。目玉のひとつは贅沢な弦楽器の重奏を配置した〝Ancestress〟。クラシックとエレクトロニカの融合という点でも見事だし、ヴォーカルはメロディアスで力強い。きのこになりきった彼女はウィアードな存在で、本作はこれまでのビョークのカタログのなかでもっとも奇妙なアルバムだ。気むずかしさはないが実験作だし、よくわからないがもっていかれる。子守歌のような〝Her Mother's House〟では、本作のテーマである「母系制」を確認するかのように、19歳の娘といっしょに母について歌っている。つまり彼女は、家父長制にはなんの未来もないことを念を押すように言いたいのだ。

（野田努／ウェブ版10・28）

14

KAKUHAN
Metal Zone

NAKID

バンドgoatを率いる一方、ソロのYPY名義では電子音楽を制作、レーベル〈NAKID〉の主宰者でもある大阪の日野浩志郎。その彼のこれまでの作品にも参加してきた、おもにフリー・インプロヴィゼイションの分野で活躍する京都のチェリスト、中川裕貴。ふたりが組んだユニット「攪拌」のデビュー作は、自由闊達なエレクトロニクスと非正統的なチェロの奏法を重ね合わせることで、不気味なノイズ世界を形成している。全体的にホラー感があり、A2などはまるでお化けが楽しくおしゃべりしているかのよう。旋律らしきものが前面に出るA4では電子音がもこもこと抽象的な音響を生成、逆にビートが愉快に転がるB1ではチェロはドローン的な役割を担うなど、バランス感覚も抜群だ。クラブ・シーンと即興音楽シーンとの類まれな交点を示す、優れた1枚。

（小林拓音）

15

Kode9
Escapology

Hyperdub / ビート

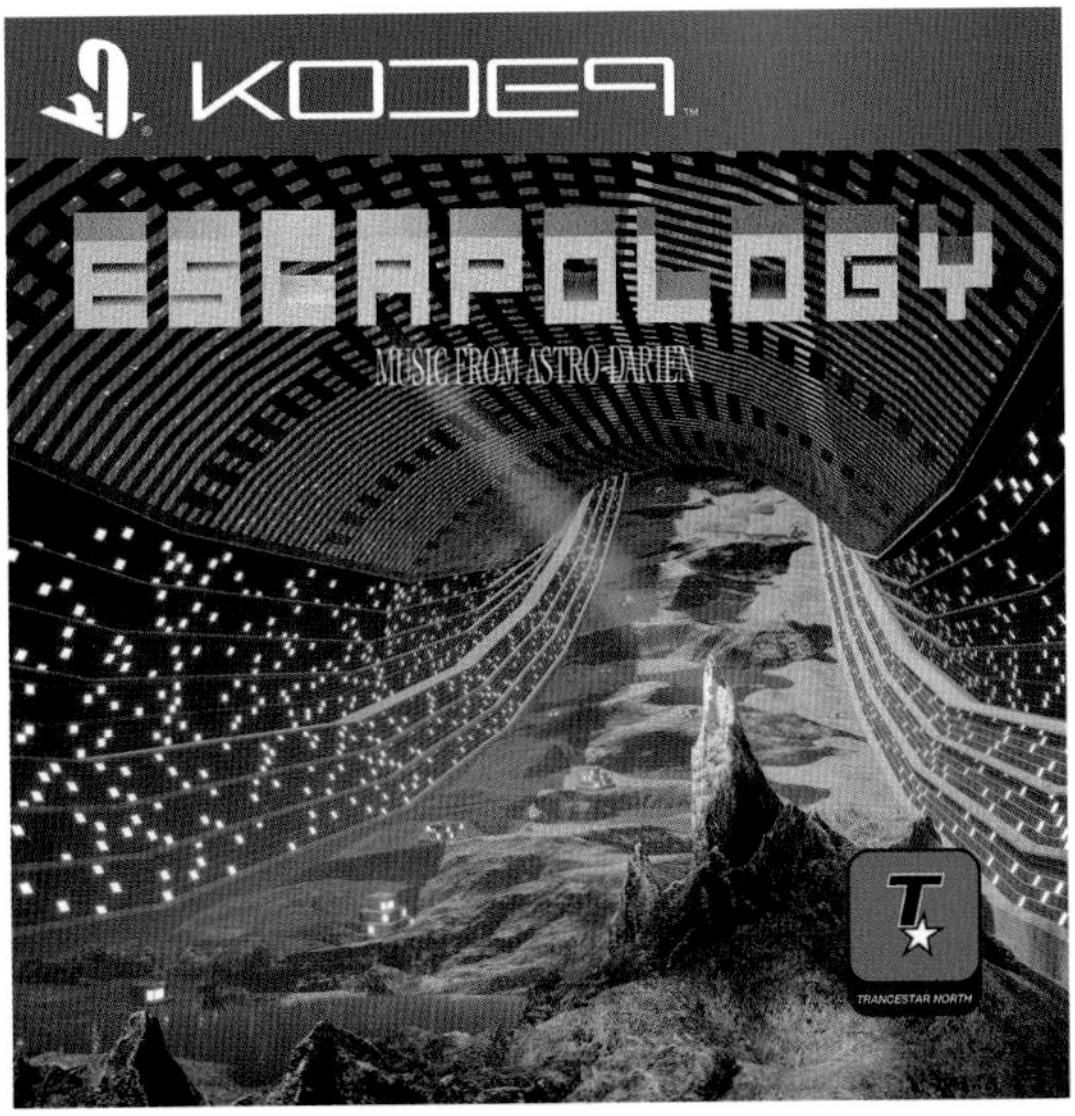

オーディオエッセイ／SF作品『Astro-Darien』のサウンドトラックという立ち位置。今作で流れるビートは、グッドマンの音楽センスを形成したジャングル、それから初期ダブステップ以降の彼のトレードマークにもなっているフットワークや南アフリカが生んだゴムやアマピアノのリズムやベースラインだ。黒人文化に直結したリズム。〈Hyperdub〉はサウンドシステム由来の「ブリティッシュ・ミュージックと関係する、アフリカン・ダイアスポラ（離散）の音楽的突然変異のプラットフォーム」でありつづけてきた。BLMへの共感も、当然グッドマンは抱いている。ポストコロニアル的批判的思考回路を自身の表現形態に接続することにより、グッドマンが目指すのは、ドキュメンタリー／フィクションを通した未来の創造と、未来を現在に到来させることだ。

（髙橋勇人／ウェブ版9・6）

16

Horse Lords
Comradely Objects

RVNG Intl. / PLANCHA

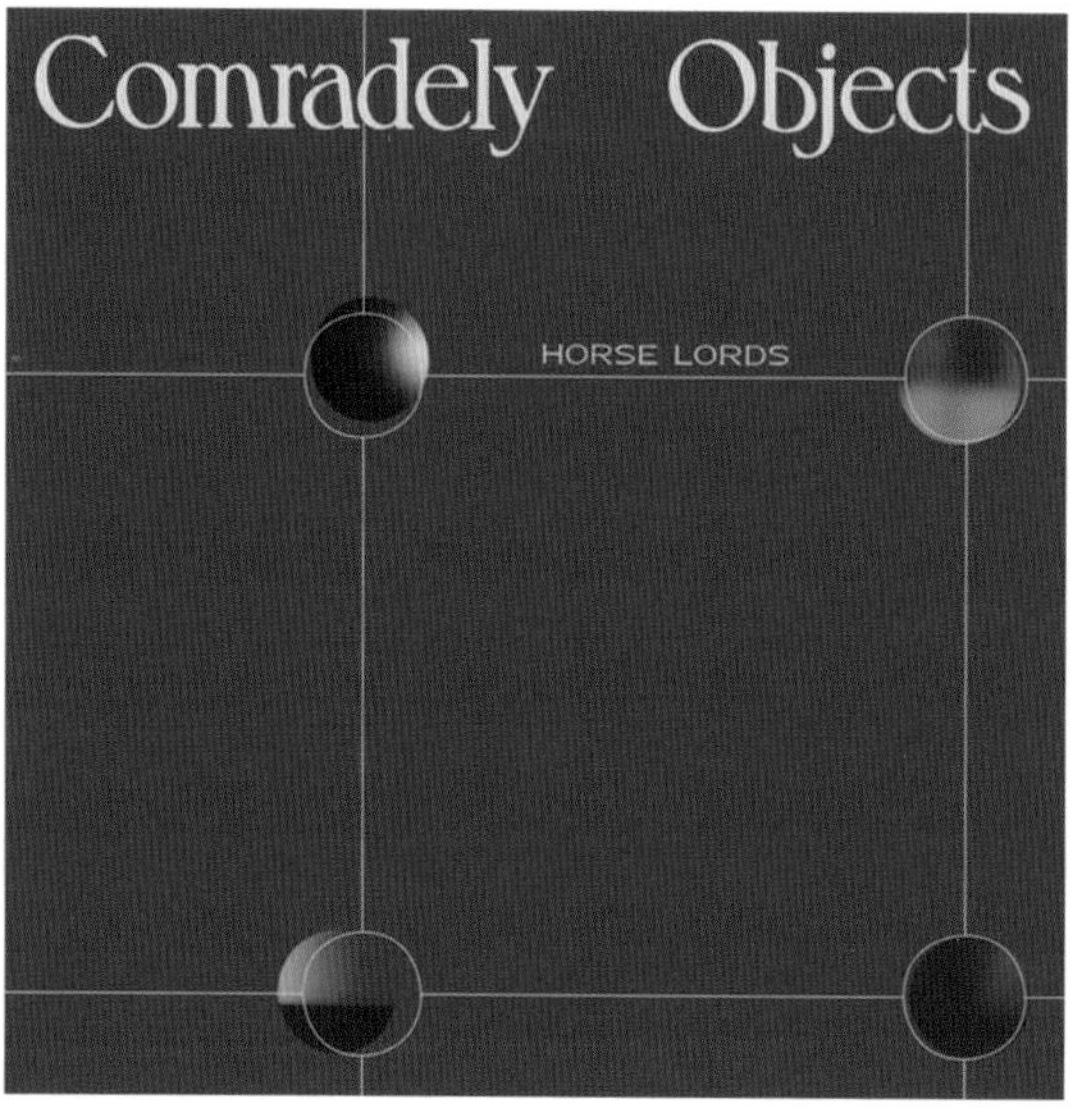

ロックを聴かないロック・バンドもどきのバンド、ホース・ローズは、この10年間じょじょにその存在感を増し、そして今回の〈RVNG Intl.〉からの（通算5枚目の）アルバムによって、それこそかつてのバトルズのような、無視のできない存在になるかもしれない。ディスコやハウス・ミュージック、アフリカ音楽のミニマリズムに影響を受けているということは、ホース・ローズの音楽には陶酔があるということだ。彼らの音楽を少しでも聴けば、楽曲には複雑な拍子記号が散りばめられていることがなんとなくわかるのだけれど、しかし、彼らの卓越した演奏は、リスナーの頭を混乱させるためにはない。思考をふっ飛ばすためにある。極上のトランスで、ある意味CANのアップデート版であり、ジャジューカやエチオピアン・ジャズの変異体だったりもする。

（野田努／ウェブ版12・2）

17

Jockstrap
I Love You Jennifer B

Rough Trade / ビート

ある既存のスタイルをもとの文脈から切り離し、自分たちの感性に引きつけて再構築すること——いわばメタ的なポップ・ミュージックである。ジョックストラップ（男性用下着）初のアルバムではほとんどの曲にヴァイオリン隊がフィーチャーされている一方、多くの曲で電子ノイズやパーカッションなどが単調さを遠くに退けている。クラシカル、ジャズ、ハウス、エレクトロニカ、ダブステップなどの断片が違和感なく調和したみずみずしいエレクトロニック・ポップ作品で、展開の読めなさもまた彼らの武器だろう。ときにシュールでときにロマンティックなエラリーの詞にも注目しておきたい。通常「(女性がそれを)公言するのは好ましくない」とされるセクシュアルな表現を遠慮することもない。飾らずに官能をさらけだすスタンスも本作の魅力のひとつだ。

（小林拓音／ウェブ版9・8）

18

坂本慎太郎
物語のように

zelone

昔から坂本慎太郎は、流行り物には目をくれず我が道を歩んでいるわけだが、主張しないで主張することができるというパラドキシカルな表現行為は誰にでもできることではない。8年前に『ナマで踊ろう』というポリティカルな作品を発表した過去を持つ彼だが、このご時世のなか制作された4枚目のアルバムにおいては、これまで以上にポップスの煌めきに重きをおいているようだ。淡々とした風情はいつも通りだが、〝君には時間がある〟や〝浮き草〟などは愛らしいメロディを持ったラジオ向きとも言える曲で、アルバム全体には、彼のアナクロニズムめいたセンスが活かされている。しかしながら、みごとな日本語と遊び心あるサウンドで時代を風刺した冒頭の〝それは違法でした〟や〝まだ平気?〟には、やはりずば抜けたものを感じてしまう。

(野田努)

19

Huerco S.
Plonk

Incienso

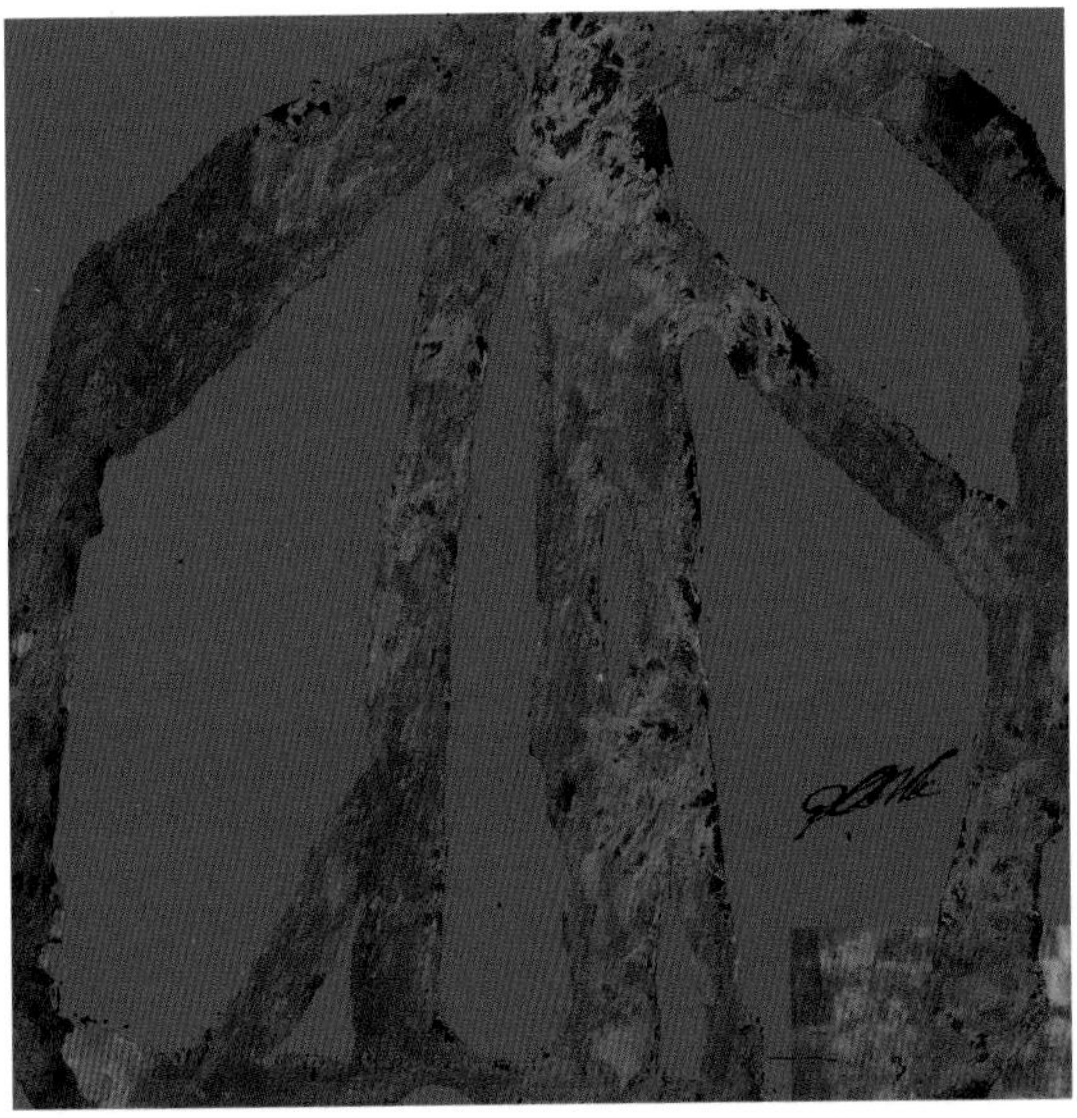

ゲーム・チェンジ的な傑作。ブライアン・リーズのプロジェクト、フーエアコ・エス名義の3作目。ひさびさとなるリズムを主体とした作品で、これまでのトレードマークでもあったエコー／リヴァーブ感、ガス状のダブ感が晴れ、全体的にクリアな質感が増幅された点もわかりやすい変化。小刻みなリズムが絡みつくストレンジなシンセが有機的に融合した感覚は、ある意味で90年代中頃までのまだリズムの冒険に意欲的だったテクノ――「ハウス」、もっと大きく言えばダンス・グルーヴのループ・リズムからの脱却と、それに伴うリズムの打ち込みの細分化、1990年代前半のデトロイト・リヴァイヴァルやリスニング・テクノの先鋭化にも通じる。IDM／エレクトロニカ的なグリッチ感覚が薄いというのも重要。リスニング・テクノの新たな可能性を示した作品。

(河村祐介／ウェブ版3・24)

20

Kokoroko
Could We Be More

Brownswood / ビート

言うまでもなく今世紀のＵＫジャズの特徴はシャバカ・ハッチングスが象徴的なように、アフロにある。アフロビートがあって、そしてカリビアンがある場合もある。8人編成のココロコのデビュー・アルバムは、ナイジェリアのアフロービーツにゴージャスなブラスが入って、トニー・アレン直系のじつに達者なリズムを持って意気揚々としたヴァイブを広げる。アンビエントなエレクトロニクスも注入されてドリーミーな表情も見せているのだが、そこがまた良い。マーヴィン・ゲイを意識した〝Something's Going On〟なる曲もあるのだが、熱風と夢幻が入り交じった迫力ある演奏に身を浸しているだけで充分な気もする。バンドのメンバーだったオスカー・ジェロームのソロ・アルバム『Spoon』もじつに素晴らしかったことも付記しておく。

（野田努）

21

Black Country, New Road
Ants From Up There

Ninja Tune / ビート

持久力のあるアルバムだと思うし、聴いていると映像が浮かんでくる。広くてゆるやかな起伏のある牧草地帯を走りながら空を飛ぼうとしている男の映像で、空は青く風は涼しい。まだ人生ははじまったばかりかもしれないが、さまざまな感情が容赦なく彼の脳裏を駆け巡っては混乱させる。しかし、ビリー・アイリッシュ風の彼女のことはよく憶えていると。なんにせよＢＣＮＲは、精密で、ジャズやクラシックの室内楽の要素が入り交じった手の込んだアレンジの楽曲の完成度をこの2枚目においていきなり高めている。アイザック・ウッドはもうやり残したことはないと思ったんじゃないだろうか。それにしても……イギリスとはよくわからない国で、音楽学校で訓練された若者たちの集団がこうも感情に訴えるロックのアルバムをどうして作れるのだろうか。

（野田努）

22

rings

Kazufumi Kodama & Undefined
2 Years / 2 Years in Silence

これほど空虚さに寄り添ってくれる音楽をぼくは知らない。前半4曲のダブ・ヴァージョン4曲が後半という構成で、後半はアンビエントを意識したということだが、アルバムでぼくがとくに注目したいのは、Undefinedのトラックだ。極論をいえば、こだま和文のトランペットが入っていないヴァージョンも聴いてみたくなるほど、この人たちのダブ・サウンドは傑出している。ベーシック・チャンネルの系譜を思わせるそのミニマリズムは、後半においてよりラディカルに解体されているのだ。素晴らしい沈黙が創出されているそれら4曲は、ぼくが近年聴いたダブと形容される音楽においてもっともクリエイティヴなもののひとつであることは間違いない。アートワークにあるささやかな美しさは、いまもミクロな次元では希望があるのだということを暗示している。

（野田努／ウェブ版11・11）

23

Lex

Fly Anakin
Frank

フライ・アナキンはヴァージニア州リッチモンドのラッパーだが、FlySiifu名義のアルバム（アナログ盤専門のレコード店を舞台にした）と同時期に録音されたという本作は、その作り方や音楽性においてムーディーマンなどとも同胞と言えるだろう。つまりレトロなソウルをループさせながら、ブラック・ミュージックとしての温かみのある光沢を磨いているのだ。彼の地元のヒップホップ・シーンに関わる仲間たち——DJやトラックメイカーをはじめ、いまや名が売れたピンク・シーフや、この手の作品の開拓者でもあるマッドリブも参加している。全体的にレイドバックしたゆるさを見せながら、リリックに関しては警察の蛮行への言葉もある。とはいえ、それ以上にこのアルバムには音楽への愛情が注がれていて、聴いていて気分がよくなる。

（野田努）

24

black midi
Hellfire

Rough Trade / ビート

この疾走感は圧倒的で、やはり傑出している。情報過多な21世紀が生んだモンスター、ブラック・ミディのスケールの大きな演奏は、3枚目の本作においてひとつの頂点に達した。いくら大量の音楽（情報）が参照されようともブラック・ミディがオタクの閉塞性に陥らないのは、モーガン・スミスのドラミングをボトムとしたリズムの強度による解放感を発しているからだろう。新しいことをやらなければならないというプレッシャーは感じているとジョーディ・グリープが話していたように、彼らは生演奏のロック・バンドには、まだサウンド的な前進が可能であると信じている。そのポジティヴな思い込みは、たとえ地獄を主題にしようと、ブラック・ミディの音楽を楽しいものにしているのだ。YouTubeで見たケイト・ブッシュのカヴァーも見事だった。

（野田努）

25

Horace Andy
Midnight Rocker

On-U Sound / ビート

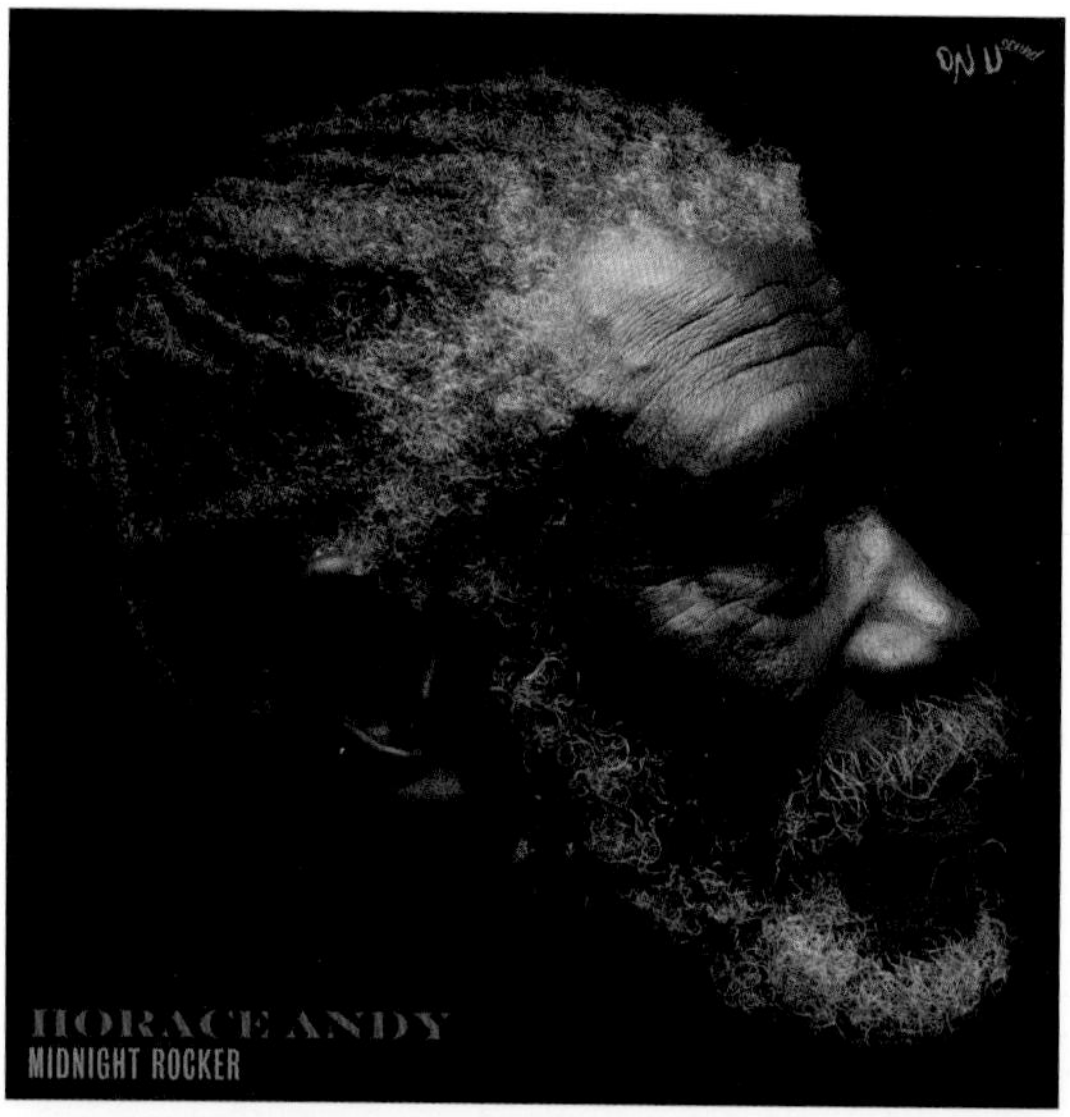

神学者のトマス・アクィナスによれば、天国にいる人たちは地獄で苦悶する人たちを天上からのぞき見できるらしい。ルーツ・シンガーのホレス・アンディが歌うようにいまが「地獄」だとしたら、では「天国」には誰がいるのだろう。天国はないと歌ったのはジョン・レノンだが、そんなものは本当になくなってしまった。だからブラック・ミディは地獄を娯楽にする必要があったし、ホレス・アンディは〝今夜なら危害からは安全（Safe from Harm）〟をカヴァーする必要があったというのがぼくの持論である。そう、エイドリアン・シャーウッドの全面サポートによって生まれた、これは素晴らしいルーツ・レゲエの作品だ。後に出たダブ・アルバムも良い。で、話の続きだが、それでは神はどこにいるのかと。神は、おそらくホレスの喉にいるのだ。

（野田努）

ele-king 30

26

Memorials of Distinction

Shovel Dance Collective
The Water is the Shovel of the Shore

英国のフォーク・シーンでもっともエキサイティングな新人グループ（9人組）の一組によるこの強力なアルバムは、ロンドンのテムズ川がその糸となって結ばれている。ショヴェル・ダンス・コレクティヴは、4曲の長いトラックで、労働者階級の経験を歌った古めかしい歌を、川沿いで録音したフィールド・レコーディングのサウンド・コラージュに織り込んでいる。ここでは絶妙な音楽性が発揮されているが、アルバム全体としては、伝統的なフォーク・シーンの多くに見られる上品で保守的な雰囲気とはかけ離れている。これは、政治的なエッジの効いた、生々しいフォーク・ミュージックだ。と同時にこれは、ロンドンの過去の亡霊が、現在のロンドンに忍び寄る音なのだ。

（ジェイムズ・ハッドフィールド）

27

4AD / ビート

Dry Cleaning
Stumpwork

ドライ・クリーニングがこの順位なのは、この国が、耳から入った英語が即座に理解できる能力の欠如した人間が多い国であるがゆえで、申し訳なく思う。歌詞カードを読めば、フローレンスの言葉が庶民の不満がたまりにたまった現代を知的に、文学的に、そしてユーモラスに風刺していることがある程度はわかる。そう、ある程度は。そして、ある程度の理解でも彼女の言葉はすごく面白い。イアン・マーティンが書いたように〝Gary Ashby〟や〝Kwenchy Kups〟のような80年代半ばのフェルトっぽい曲もあり、サウンド的には前作より広がっている。我々が外国語の歌に親しんできたのはそこにメロディやリズムがあるからなのだが、フローレンスは次作でもこれまでと同じように語りに徹するのだろう。それともメロディを加えるのだろうか。

（野田努）

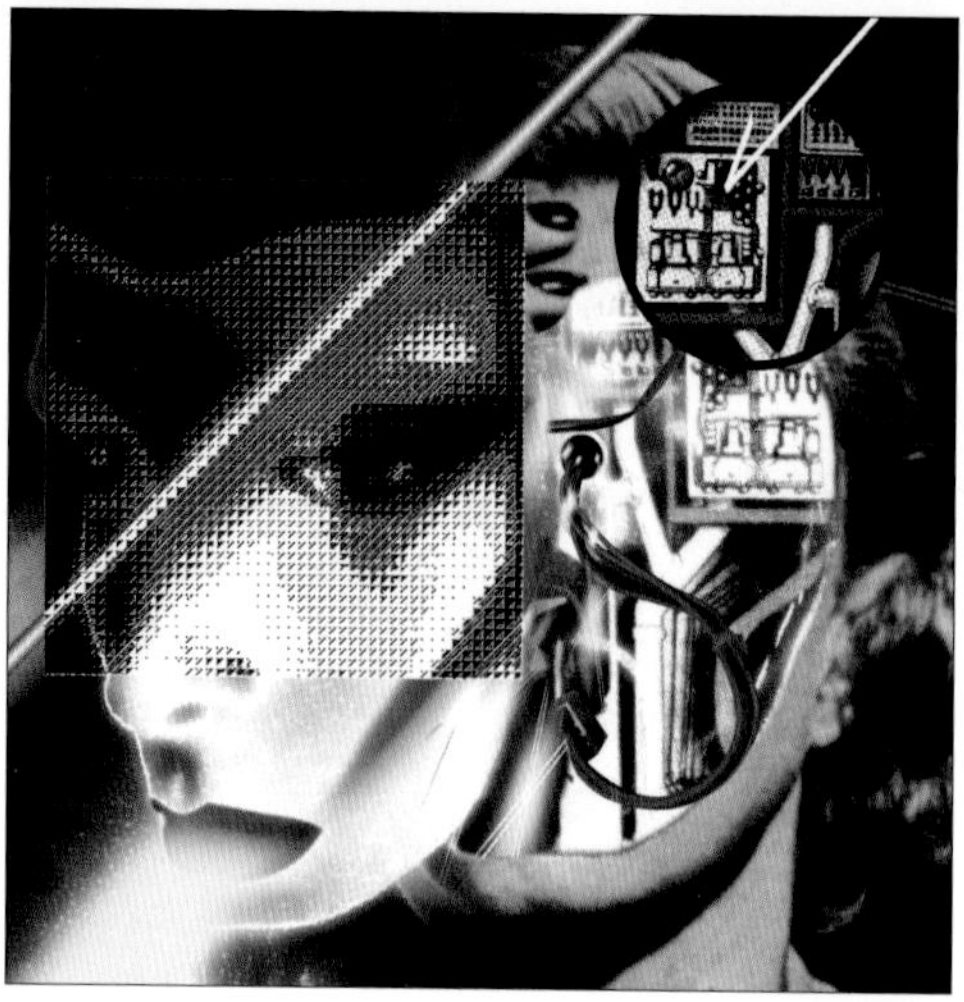

28

Bedouin

Mars89
Visions

東京のアンダーグラウンド・シーンにおいてもっとも目覚ましい活躍を見せているＤＪ／プロデューサーのひとりによる、待望のファースト。テクノのタグを付けられる曲、これまでのダブ路線を踏襲する曲もあるし、ダーク・アンビエントめいた様相、クラウトロックめいた催眠的なリズムもある。徹頭徹尾ダークだが、ここには自由があるし、売れることよりも出したい音がある。それがアンダーグラウンドってものだ。誇り高き音の実験場であり、それは世界に開かれている。

（野田努／ウェブ版６・２）

29

Partisan / ビッグ・ナッシング

Ezra Collective
Where I'm Meant To Be

これはＵＫジャズの素晴らしき1枚。80年代からずっと続いている「変わっていく同じモノ」。移民都市ロンドン、そこから生まれたハイブリッドなダンス・ミュージック。ジャズ、アフロ、ラテン、カリビアンの要素がモダンなリズムと混じり合い、スタイリッシュにまとまっていく。昔ながらのＵＫジャズの魅力で、ソウルもあってダブもやっている。サンズ・オブ・ケメットやスウィンドルのアルバムに参加しているKojey Radicalもラッパーとして1曲フィーチャー。

（野田努）

30

Night Time Stories / ビート

Ron Trent Presents Warm
What Do The Stars Say To You

２０２２年はハウス・ミュージックの年だった。ドレイクやビヨンセらがそれをやったし、コロナ禍で抑えられていたダンスへの欲望も爆発した。そして、シカゴ・ディープ・ハウスのマスター、ロン・トレントが時間と国境を越えたアルバムを発表した。クルアンビン、ジャン＝リュック・ポンティ、ジジ・マシン、アジムスのリズム隊など多彩なゲストを招いて制作された本作は、ハウス・ミュージックとはこういう風に年季を重ねるのだというひとつの見本になっている。

（野田努）

Best Reissues of 2022
2022年ベスト・リイシュー23選

選・文：編集部　協力：河村祐介、山崎真央

2022年も多くの魅力的な再発盤やアーカイヴ音源集に恵まれました。ここでは現代においてリリースされることに大きな意味を持つ作品を中心に、23タイトルを選出。厳密なリイシューに限らず、未発表音源の発掘も含めています。

1

Branko Mataja
Over Fields And Mountains
Numero Group

ドゥルッティ・コラムの未発表曲集ではない。旧ユーゴスラビア（現クロアチア）のギター弾き、ブランコ・マタヤが60年代に残したもので、ナチスから解放された彼は、故郷に戻ると自分で作ったギターと機材で音楽を演奏し録音したのだ。〈ヌメロ〉から。（野田）

2

赤痢
私を赤痢に連れてって
P ヴァイン

83年に京都で結成された、日本におけるフェミニスト・パンクの元祖による88年のファースト。長年聴けなかった本作が、パンクが復権を果たした2022年に出たことの意味は大きい。ほか、〈Alchemy〉作品が一挙再発されたことも2022年のトピック。（小林）

3

Julius Eastman
Stay On It
Week-End

70〜80年代NYで活動した、あまりにも不遇な前衛音楽家による、間を活かしたミニマルかつケオティックな表題曲と、チェロのための重厚な〝ジャンヌ・ダルクという聖なる存在〟を収録。ロレイン・ジェイムズのおかげで一層再評価の気運が高まった。（小林）

4

DJ Stingray 313
F.T.N.W.O.
Micron Audio

2012年にブリュッセルの〈WéMè〉から出ていたスティングレイ名義でのファースト・アルバムが、本人のレーベルより復活。ドレクシアを継承する鋭いエレクトロ・サウンドに、貧困や借金などをテーマにしたことばが載せられている。『Aqua Team』も必聴。（小林）

5

Various
Irida Records: Hybrid Musics from Texas and Beyond, 1979–1986
Blank Forms

アメリカはテキサス州の前衛的変人、Jerry Huntが主宰した伝説的レーベルの7枚組コンピレーション。とにかく変な音楽が好きな方は必聴。同時に、ハントの92年の名作と評判の『Ground』もリイシュー。テキサス・ミュージックの奥深さよ。（野田）

6

Iannis Xenakis
Electroacoustic Works
Karlrecords

ハイ・カルチャーの作曲家であリながら非アカデミックな音楽にも影響を与えた、クセナキスの5枚組ボックスセット。一見小難しそうに映るかもしれないが、今日のエクスペリメンタルな電子音楽を愛好する者ならばすんなり入っていけるだろう選曲になっている。（小林）

7

Cecil Taylor
The Complete, Legendary, Live Return Concert At The Town Hall NYC November 4, 1973
Oblivion

２０１８年に他界したジャズ・ピアニスト、セシル・テイラーのアーカイヴから、１９７４年11月４日ニューヨーク市のタウンホールでのライヴ盤。伝説のライヴと冠するに相応しく、素晴らしいメンバーとともに、ある意味パンキッシュに演奏する。（野田）

8

Born Under A Rhyming Planet
Diagonals
DDS

90年代、〈Plus 8〉から数枚12インチを出していたジェイミー・ホッジの未発表音源集。ムーヴ・Ｄらとのユニット、コンジョイント（こちらも18年に〈ＤＤＳ〉がリイシュー）の一員でもあった彼の、これはすばらしいリスニング・テクノ作品。まずはＡ３を。（小林）

9

Jeff Mills
Cycle 30
Axis

デトロイトの技師ロン・マーフィーによる、レコードを用いたアート作品。Ａ面に８本の溝が掘られており実質無限に曲がループする。なんとかスタンパーが使用可能なうちに、ということで６００枚リプレス、うち３００枚が発売。残りは２０５２年にリリース。（小林）

10

Alva Noto + Ryuichi Sakamoto
Revep
Noton / インパートメント

『Vrioon』（02）や『Summvs』（11）など、22年はこの名コンビによる名盤が続々とリマスター、ボーナス付きで再発されたが、なかでもグリッチーに生まれ変わった"戦メリ"を含む本06年作は、とびきり美しい電子音とピアノの融合を味わうことができる。（小林）

11

Broadcast
Microtronics Volumes 1 & 2
Warp / ビート

90年代半ばから10年代初頭にかけて活躍したバーミンガムのバンドで、そのノスタルジックなサウンドはボーズ・オブ・カナダとともに憑在論の文脈においても語られてきた。これは03年と05年に発表されたシングルを合体したもの。同発の2枚も要チェック。（小林）

12

Charles Stepney
Step On Step
International Anthem Recording Company / rings

ロータリー・コネクション、マディ・ウォーターズ、ハウリン・ウルフ、テリー・キャリアー、EW&Fなどを手がけ、ヒップホップの文脈でも愛されてきたプロデューサーが60~70年代に自宅で録音した未発表デモ集。素朴なリズムマシンが魅力のソウル・ジャズ。（小林）

13

زياد الرحباني (Ziad Rahbani)
هدوء نسبي (Houdou Nisbi)
WeWantSounds

ジアド・ラバーニは政治風刺を得意とするレバノンの著名な作曲家で（ファイルーズの息子でもある）、近年ディガーたちのあいだで話題を集めている。ジャズやファンクから影響を受けたこのポップ・ソング集は、85年に出ていた彼の代表作のひとつ。初LP化。（小林）

14

Various
Would It Sound Just As Bad If You Played It Backwards? A Collection of Sounds from the Studio Eksperymentalne Polskiego Radia (1959-2001) Vol. I
Other People

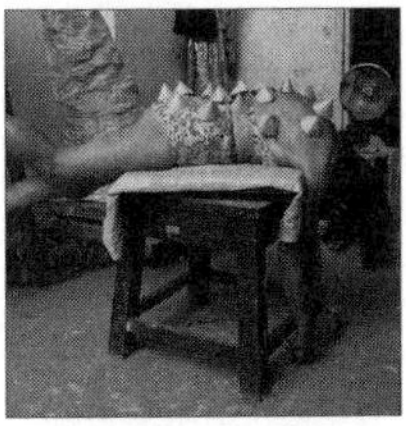

ニコラス・ジャーのレーベルから送り出された、20世紀後半のポーランドの前衛／実験音楽集。マトモスがテーマにしたボグスワフ・シェッフェルはじめ、ふだんなかなか光を当てられない東欧の野心的な試みとその歴史を垣間見ることができる。「II」も必聴。（小林）

15

Various
Heavenly Remixes 3 & 4 (Andrew Weatherall Volume 1 & 2)
Heavenly

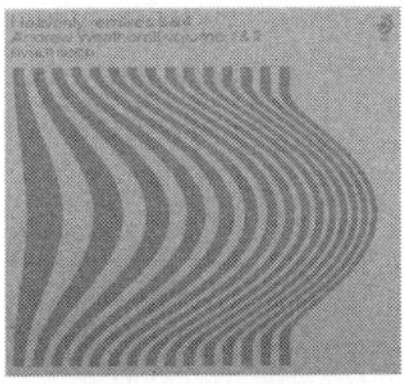

ウェザオールが〈Heavenly〉に残したリミックス仕事をまとめた編集盤。セイント・エティエンヌやフラワード・アップといったクラシックからグウェノー、オーディオブックスなど近年のバンドまで。インディ・ロックとダンス・ミュージックの幸福な交点。（小林）

16

浅野達彦
ドシンの跡を追って
Silent River Runs Deep

N64DD用VG『巨人のドシン』のサントラ。浅野はムードマンのレーベルからデビューし、アレック・エンパイア〈DHR〉傘下の〈Geist〉にもアルバムを残す音楽家。スティール・ギターや鳥の声などがほんわかした雰囲気を醸成。フェイクな民族音楽。（小林）

17

The Detroit Escalator Co.
Soundtrack [313] + 4
Musique Pour La Danse

もともとは〈Transmat〉のスタッフだったニール・オリヴィエラが1996年に送り出した初のフルレングス。あまりにも流麗かつ穏やかなアンビエント・テクノ集。本人によるライナーノートや貴重な写真付き。CD盤と配信版は「+6」です。（小林）

18

The Mystic Revelation Of Rastafari
Grounation
Soul Jazz

ジャマイカ版スピリチュアル・ジャズというか、打楽器奏者のカウント・オシー、サックス奏者のセドリック・ブルックスらを擁する、1972年のナイヤビンギ・ジャズの決定版が50周年仕様で再発。新たなインタヴューも掲載したブックレット付き。（野田）

19

裸のラリーズ
'77 LIVE
Temporal Drift / Tuff Beats

このカルト的な人気を誇るロック・バンドは、ここ50年のあいだ、91年にCDで出た3枚しか公式アルバムを残していない。長らく入手困難だったそれらがLAのレーベルから一挙リイシューされたことは事件である。リマスタリングは元メンバーの久保田麻琴。（小林）

20

Neu!
50!
Grönland / P ヴァイン

クラウトロックの最重要バンド、ノイ！の結成50周年を記念しての5枚組ボックスで、そのうち1枚は、モグワイやザ・ナショナル、スティーブン・モリス（ニュー・オーダー）らによるこの企画のみのリミックス盤。48ページの豪華ブックレット付き。（野田）

21

青木智幸 望月治孝
青木智幸 望月治孝
Nashazphone

浜松のサイケデリック・ロック・バンドUP-TIGHTのギタリストと、阿部薫を敬愛するサックス奏者から成るデュオが2014年に200枚限定で出していた1枚が、カイロのレーベルから復刻。ときにノイジー、ときにメランコリックな表情を見せるインプロ作品。（小林）

22

Sun Ra Arkestra
Nothing Is ... completed & revisited
ezz-thetics

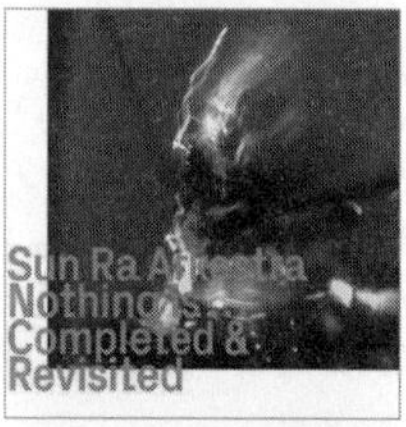

充実した布陣による最高潮にあったアーケストラの、1966年、白人大学生相手に黒さをぶつけた傑作ライヴ盤『Nothing Is』。2005年に〈ESP〉からリリースされたコンプリート盤CDがリマスタリングされて再発。これは決定版でしょう。（野田）

23

God Speed You Black Emperor!
All Lights Fucked On The Hairy Amp Drooling
Self-released

彼らが97年の『F# A# ∞』で登場してくる以前、94年にカセットで33本だけリリースされていたという、ゴッド・スピード・ユー！ブラック・エンペラー幻の作品。それだとされる音源がネット上に流出したことを受け、自分たちで正式にリリースした次第。（小林）

a look back at different genres' 2022
ジャンル別 2022 年ベスト 10

エレクトロニック・ダンス、新たな風が吹く。

選・文：髙橋勇人
selected & written by Hayato Takahashi

118–119

国により対応は異なったものの、ダンスフロアがコロナウィルスと共存しつつ、その入り口を可能な限り開け続けた2022年。ここに挙げる全てが完璧に新しいサウンド群というわけではないが、独自性とサウンドとそれ以外の表現の関連性のうちに優れたもの10枚を選んだ。ベテランよりもアルバムを初めて発表した者／プロジェクトたちが目立つ一年になった気がする。

演劇プロデューサーとしての顔も持つ、ベリーズ出身で現在はシカゴに拠点を置くアリエル・ゼティーナのアルバムは、自伝的かつ自身のトランスウーマンとしての体験を、ハウスとテクノを使い、ナレーションしてみせる。愛の葛藤が流れ込み、ときにハウスがその情動の強度を上げる様とその表現形態は、オリジナルで圧巻である。もちろんトラックの力もすごく、〝Smoke Machine〟を聴いてシカゴの面白さを再確認した。

フロアの暗黒面を開放するゴムのエネルギーを、ヴォーカリストや複数のプロデューサーたちとの共作により、自身のファーストに直結させた同ジャンルの王様、DJラグ。南ア由来のゴム、ひいてはアマピアノらの国内外での影響力を鑑みるに、彼はその台風の目であり、堂々たる初アルバムの誕生である。

その音の紹介者でもあるコード9は、7年振りとなった自身のアルバムで、前述の南アの2ジャンルのベースラインを、

lectronic Dance

フットワークやジャングルのリズムと巧みに共存させてみせる。スコットランドのUKからの独立の未来を描くフィクションのサントラという意味においても、音楽表現の潜在性を広げた一枚になった。

　ダンスホール／レゲトンDJのフィリックス・ホールが率いる〈Chrome〉から世に出た、ロンドンの覆面的漆黒のプロデューサー、モブスのアルバムは、アンディ・ストットのごときスモーキーなテクスチャーと、シンプルなドリルやトリップホップなビートを行き交い、アブストラクトの新たな言語を生み出した。

　それと対照的なのがフエルコSとロレイン・ジェイムズのワットエヴァー・ザ・ウェザーで、IDM的な複雑なリズム構築をおこないつつも、じつに透明感のあるプロダクションを保つ。その両者に、ジャングルのビートがありつつも、聴き手を癒すようなロックダウン中に育まれた感性の片鱗を感じることができた。両者とも曲名を記号の次元にまで還元しており、それにより音とリスナーが直結されるようでもある。

　デトロイトでは、オマー・Sが発掘したハイテクのふたりが、非常に心地よいゲットーテックを作っている。甘いR&B的ハーモニーと相反するかのように、トラックは高速で再生され、ピッチアップされたヴォーカルは気だるく歌う。デトロイト・ブルースの現在形である。

　YPY／日野浩志郎がチェリスト中川裕貴と組んだユニット、カクハンは、アクースティック楽器、ミュージック・コンクレート的な具体音とダンス・ミュージックの接近の別側面を描く。リズム／テクスチャーが一眼となり、フリーフォームなループ構造に唸る。未知なるサウンド体験。

　ロンドンのシャイガールの堂々たるファーストは、ドリルやUKガラージの残像が残りつつも、異様かつドリーミーなプロダクションへと果敢に挑み、ときに流浪なメロディ、ときにダークなフロウを叩きつける。新たなラップ・ミュージックの到来か。

　スウェーデンのアクセル・ボーマンは、ダブやアナログ感覚に溢れたシンセワークを駆使し、自身のイメージであるバレアリック・ハウスの枠組みをサントラ的イメージ観へと押し広げ、夢幻的な世界を生み出している。

10 best Electronic Dance works in 2022

01. Ariel Zetina | Cyclorama | Local Action
02. DJ Lag | Meeting With The King | Ice Drop
03. Kode9 | Escapology | Hyperdub
04. MOBBS | Untitled | Chrome
05. Huerco S. | Plonk | Incienso
06. Whatever The Weather | Whatever The Weather | Ghostly International / PLANCHA
07. Hi Tech | Hi Tech | FXHE
08. KAKUHAN | Metal zone | NAKID
09. Shygirl | Nymph | Because Music
10. Axel Boman | LUZ / Quest For Fire | Studio Barnhus

世界各地で加速するダンスへの欲動

選・文：猪股恭哉（diskunion）
selected & written by Kyoya Inomata

パンデミック以前を取り戻した海外ではパーティーやレイヴが再開し、ダンス・ミュージックの魅力が改めて見直されて多数のヒットを生みました。なかでもフォー・テットの別名義KHはアンセムの名にふさわしく、YouTube公式チャンネルのコメントを読んでいると、待ち望まれたアンセム感を味わえてグッときます。

年始初頭にリリースされたボノボのニュー・アルバムも、ダンス・ミュージックに大きく傾倒した内容で評判を呼びました。ハウスでも同じことが言えますが、リスニングでも飽きない展開と音色、それでいて骨組みはしっかりしたダンス・ミュージック。フジロックのパフォーマンスでもダンス・ミュージック強度が示された形です。UKのプロデューサーでは、オーヴァーモノとトゥー・シェルが強い光を放ち圧倒的でした。ベース・ミュージックを土台とした4つ打ち志向のトラック（例えばUKガラージなど）は2022年も勢いがあった形です。チャート外では新鋭ワリードのデビューEPやフォー・テットの〈Text〉からのハゴップ・チャパリアンのLPもフレッシュな内容で注目です。UK拠点という意味では豪州メルボルン出身のモール・グラブのニュー・アルバムもレイヴ回帰をポップなセンスで仕上げてヒット。さらなる飛躍を果たしています。

フエアコ・エス6年ぶりのニュー・アルバムも見逃せません。テン年代屈指の名盤である前作とは一変し、90年代IDM／エレクトロニカを換骨奪胎した作風で、エキスペリメンタルなテクノのなかでは頭ひとつ抜けた印象。エレキングでの来日インタヴューで読む限り、

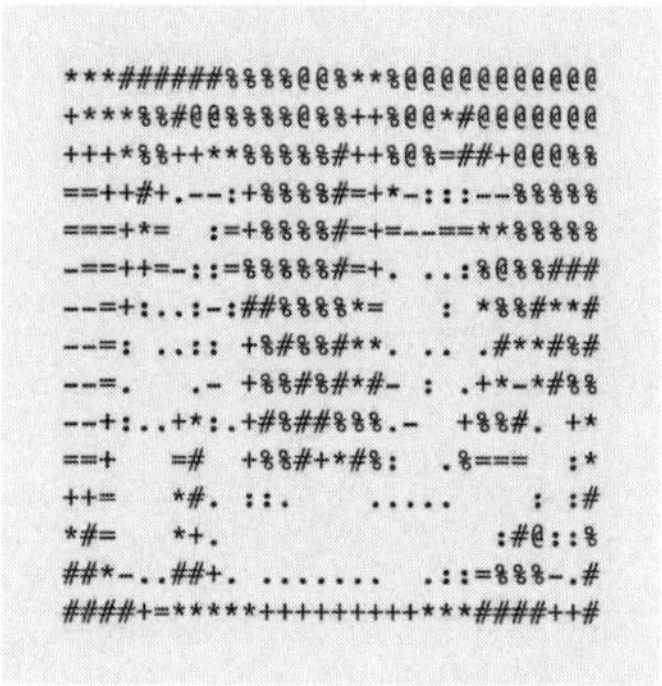

オウテカの影響を語りつつも、環境や自身のモードが作風に大きく影響すると思われるので、次の作品はさらに変化する可能性もあり、いい意味で裏切られることも期待できそうです。

さて、エキスペリメンタルやアンビエント要素のテクノとしては、ロレイン・ジェイムズの別名義であるホワットエヴァー・ザ・ウェザーのアルバムも素晴らしい内容でした。私たちにとって身近な概念である天気をモチーフに、目まぐるしく変化するさまを美しく感動的にリスナーに提示します。〈AD93〉からのコラボ作や、本人名義での最新作なども話題となりました。

デトロイトからはやはりUR新作リリース・ラッシュについて。URクラシックの再発連発が続くなか、一挙新作3作品。メキシコのマノ・デ・フエゴ（ソウル・オブ・ヘックス名義でハウスを制作）、デトロイトのスポークン・ワード・アーティストのマイク・エリソン、そしてドレクシアの故ジェイムズ・スティンソンの実弟であるTyreeによるユニット、ウェイヴジャンパー。3枚ともに必聴な内容ながらドレクシアを受け継ぐウェイヴジャンパーのタフなエレクトロはURの帰還を感じます。

デトロイト周辺ではジョン・ベルトランの作品がどれも素晴らしく、この〈AD93〉からのリリースと新プロジェクトであるソル・セット、トルコの〈Oath〉レーベルからの本人名義作品はどれも絶品です（〈AD93〉は2022年も凄かった！）。

ミニマル・テクノでは、名門〈Perlon〉からのメルキオール・プロダクションズ15年ぶりのニュー・アルバムと、フミヤ・タナカによる「One More Thing」シリーズは強い存在感を示しました。ヴァイナル制作のハードルが年々高くなるなかで、一定以上のクオリティを保った作品がリリースされるなか、両者ともにミニマルにおけるグルーヴの美学は圧倒的です。

最後にアフリカ・ナイジェリアのエメカ・オグボーをピックアップ。コンテンポラリー・アートを出自に持ち、昨年にベルリン〈Ostgut-Ton〉のサブレーベルからライセンス・リリースされ一躍テクノ・シーンでも注目を浴びることに。サウンド・コラージュとエレクトロニック・ミュージックを駆使した人間交差点とでも言えそうな、重層的な作品です。

10 best Techno works in 2022

01. KH | Looking At Your Pager | Ministry Of Sound
02. Whatever The Weather | Whatever The Weather | Ghostly International / PLANCHA
03. Bonobo | Fragments | Ninja Tune / ビート
04. Huerco S. | Plonk | Incienso
05. Two Shell | Icons | Mainframe Audio
06. Wavejumpers | The Sunken Treasure EP | Underground Resistance
07. Overmono | Cash Romantic | XL
08. Fumiya Tanaka | One More Thing (Second Part) | Sundance
09. Placid Angles | The Lotus | AD93
10. Emeka Ogboh | 6° 30'33.372"N 3° 22'0.66"E | Danfotronics

フォークの復権、パンクの反撃、見過ごせない東〜東南アジア

選・文：天野龍太郎
selected & written by Ryutaro Amano

ロシアによるウクライナ侵攻で欧州は混沌としている。音楽も当然無関係ではいられないが、他方リリースやライヴの状況はパンデミックが終わったかのように元通りに。それもあり10作で語るのが難しいのは例年通りとはいえ、2021年（本誌28号を参照のこと）と違い傾向や潮流は見えづらく、代わりに主流における躁的な動きが目立った。

北米ではイェー・イェー・イェーズ、ポップ・パンク・リヴァイヴァル下でのパラモアやブリンク182の必然性的なカムバックがあり、アニマル・コレクティヴ、ダニエル・ロッセン、ディストロイアー、ビーチ・ハウス、ハレイ・フォー・ザ・リフ・ラフら中堅が傑作をものにした（一方アーケイド・ファイアのウィン・バトラーはそのトキシック・マスキュリニティにより失望と怒りを買った）。

まずアシュヴィルのウェンズデイが〈Dead Oceans〉と契約し発表したひりつく〝Bull Believer〟が2022年のベスト・シングルであることは強調したい。次作に大いに期待だ。1位に選んだビッグ・シーフのLPは有無を言わせぬインスタント・クラシック。その魔法的な音響はフォークとロックの懐かしくも新しい弁証法的な未来である。他に注目すべきインディ・フォーク・アクトはブルックリンのフローリストで、フィールド・レコーディングをも封じ込めた4作目は戦時下における休息地のよう。

混沌としたパンクにのせ人種差別への抵抗とブラック・アートの称揚を歌ったソウル・グロウ、OPNとともに音と内面を探索したサッカー・マミー、前作に

Indie Rock

続き抵抗のインダストリアル・ダンス・パンクを鳴らしたスペシャル・インタレストも重要作を作り上げた。ローファイ趣味を反転させたジョーダナ、成長したザ・リンダ・リンダズ、ゴスなエセル・ケイン、宅録作家グレイス・アイヴズの登場も印象的。そんななかリトル・ロックのナウンズの悲鳴のようなノイズ・ロックは鮮烈だった。

そしてザ・1975、フローレンス、アークティック・モンキーズら中堅が話題作を発表した英国。ザ・スマイルの結成やベス・オートンの久々の新作も忘れがたい。

2位に置いたBCNRは2作目の発表直前にアイザック・ウッドが脱退、しかしセットリストを刷新し来日もしたドラマを含め存在感があった（ジョックストラップのアルバムも見逃せない）。〈Rough Trade〉からデビューした即興演奏集団キャロラインには、ポスト・ロックの新鋭デスクラッシュとともに最優秀新人賞を。ワイト島のウェット・レッグも重要だがシングルのインパクトが大きいか。

他にもドライ・クリーニングを筆頭にコーティング、ソーリー、スーパーオーガニズム、ザ・ラウンジ・ソサエティ、ニルファー・ヤンヤ、イーサン・P・フリン、ジ・オリエルズらが力作を発表（進化し続けるブラック・ミディは殿堂入りということで）。アイルランドでも先輩格ギラ・バンド以下フォンテインズ、ピロウ・クイーンズ、ジャスト・マスタードらが注目すべき作品を残した。

英国との往来が活発な豪州ではハッチーによる90s再解釈作と並び、オールウェイズの3作目が見事だった。グラーツのフェミニスト・パンク・バンド、ペトロール・ガールズの3作目には〝Baby, I Had an Abortion〟という曲がある。保守派男性に中指を立てたプロチョイスの叫びである。オルダス・ハーディングやステラ・ドネリー、ニュージーランドのザ・ベス、5作（!）を発表したキング・ギザードの各作も素晴らしかった。

最後に、各地でシーンが厚みを増し日本との交流も深まっている東〜東南アジア。ハイパーポップすら飲み込んだシンガポールのソブズによる煌めく2作目がその活況を象徴している。パラノウルとの協働で知られる韓国ソウルのシューゲイズ作家エイジアン・グロウの3作目も特筆したい。

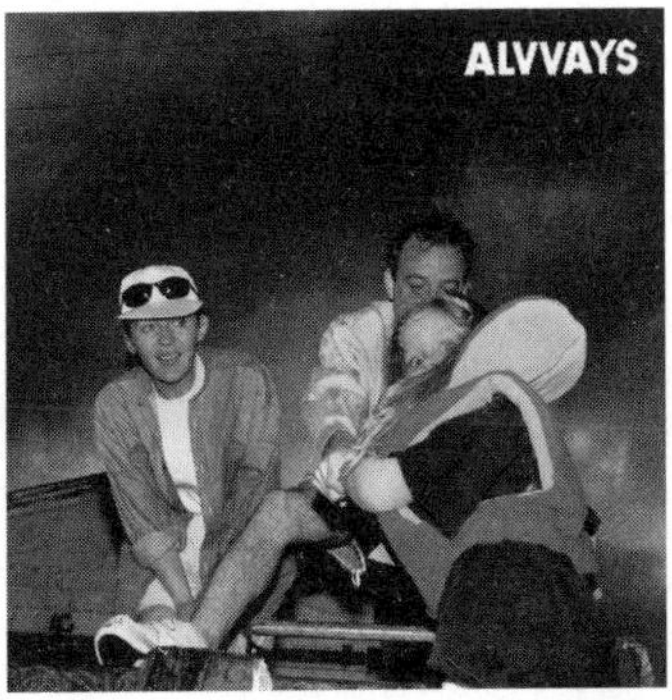

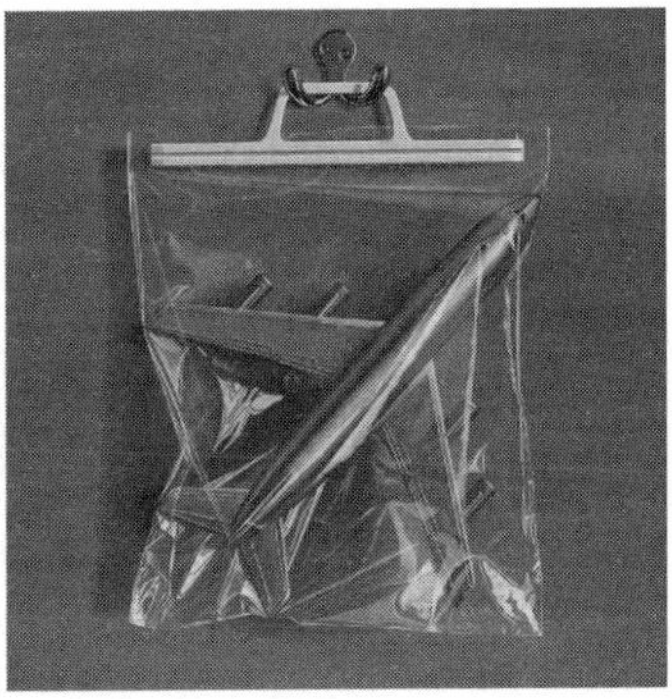

10 best Indie Rock works in 2022

01. Big Thief | Dragon New Warm Mountain I Believe In You | 4AD / ビート
02. Black Country, New Road | Ants From Up There | Ninja Tune / ビート
03. Alvvays | Blue Rev | Polyvinyl / P ヴァイン
04. Soul Glo | Diaspora Problems | Epitaph
05. Soccer Mommy | Sometimes, Forever | Loma Vista
06. Florist | Florist | Double Double Whammy
07. Nouns | While Of Unsound Mind | Self-released
08. Sobs | Air Guitar | Topshelf / Lirico / インパートメント
09. Petrol Girls | Baby | Hassle
10. caroline | caroline | Rough Trade / ビート

世界を真剣に観察するために必要なインナー・サイレンス

選・文：大塚広子
selected & written by Hiroko Otsuka

124–125

ジャズ
Jazz

近年ジャズ・ミュージシャンは、演奏の技量だけでなくコンポジションにもフォーカスして作品制作をする傾向にある。特に2022年の作品は、コロナ禍で経験した苦悩や培われた忍耐力が、美しく昇華されたようなソングライティングが際立っていた。そしてこれらの作品の背後にある制作者の意識はこれからの未来の建設的な建て直しに向かっているようにも感じられる。テリ・リン・キャリントンの女性作曲家による「ニュー・スタンダーズ」プロジェクトや、作曲家として立ち位置を明確にしたマカヤ・マクレイヴンのビート音楽のソングブック集も、コロナ禍になる前から創作意欲を燃やしていたプロジェクトで、とても長い間進行していた。ミュージシャンたちがこの数年の活動のなかで獲得した〝世界を真剣に観察するために必要なインナー・サイレンス（マーク・ジュリアナの作品のコンセプトより）〟を経て、これまでの思いを野心を持って清算した結果が2022年のアルバムに表れている。様々な振り返りのなかで得た社会意識や歴史考察、マインド設定によって、過去も未来も讃えながら協力体制を組んで有機的に広がるジャズ・シーンに来年も期待したい。

10 best Jazz works in 2022

01. Terri Lyne Carrington | New Standards Vol. 1 | Candid
02. Makaya McCraven | In These Times | International Anthem / Nonesuch / XL / ビート
03. DOMi & JD BECK | NOT TiGHT | Apeshit / Blue Note / ユニバーサル
04. Bill Frisell | Four | Blue Note / ユニバーサル
05. Motohiko Hino Quartet +2 | Flying Clouds | Days of Delight
06. Robert Glasper | Black Radio III | Loma Vista
07. Charles Mingus | The Lost Album From Ronnie Scott's | Resonance / キングインターナショナル
08. Immanuel Wilkins | The 7th Hand | Blue Note
09. Mark Guiliana | The Sound Of Listening | Edition / コアポート
10. Charles Stepney | Step On Step | International Anthem / rings

新風を吹き込むZ世代から大ヴェテランまで

選・文：小川充
selected & written by Mitsuru Ogawa

新人や新勢力が活躍した2022年。ジャズのZ世代のドミ&JDベックは、サンダーキャット、ハービー・ハンコックらと渡り合う技術、スヌープ・ドッグやバスタ・ライムズらヒップホップ勢との自由な交わり、Z世代らしいポップな感覚を融合して新風を吹き込んだ。UKジャズの新星のエビ・ソーダはエレクトロニクスとジャズの交流を進め、サイケやダブ～ダブステップ、ニューウェイヴやクラウトロックなども巻き込む音作り。同様にコメット・イズ・カミングの新作はジャズ・ノット・ジャズの極地とも言うべき世界。ビンカー・ゴールディングとモーゼス・ボイドの新作はフリー・インプロヴィゼイションとエレクトロニクスの濃密な対話。グレッグ・フォートはブラック・ミディのドラマーのモーガン・シンプソンと組み、通常のジャズ・ドラマーとまた異なる感覚の導入によってUKジャズにまた新たな進化をもたらした。シオ・クローカーの新作はグラスパーの『ブラック・レディオ』から10年後の世界を見せるようなアルバムで、ほかに大ヴェテランのブライアン・ジャクソンの復活作、アントニオ・サンチェスの5年ぶりの続編、マカヤ・マクレイヴンの7年越しの大作などのトピックがあった。

ジャズ
Jazz

10 best Jazz works in 2022

01. DOMi & JD BECK | NOT TiGHT | Apeshit / Blue Note / ユニバーサル
02. Ebi Soda | Honk If You're Sad | Tru Thoughts / ビート
03. Antonio Sánchez | SHIFT (Bad Hombre Vol. II) | Warner Music
04. Theo Croker | Love Quantum | Masterworks
05. The Greg Foat Group | Blue Lotus | Blue Crystal
06. The Comet Is Coming | Hyper-Dimensional Expansion Beam | Impulse! / ユニバーサル
07. Binker & Moses | Feeding The Machine | Gearbox
08. Brian Jackson | This Is Brian Jackson | BBE
09. Makaya McCraven | In These Times | International Anthem / Nonesuch / XL / ビート
10. Nduduzo Makhathini | In The Spirit Of Ntu | Blue Note / ユニバーサル

強い存在感を示す熟練者たち

選・文：猪股恭哉（diskunion）
selected & written by Kyoya Inomata

126–127

ハウス
House

全面的にハウスを取り入れたビヨンセのアルバムと、ポストコロナ禍を感じざるを得ないエモーショナルな宇多田ヒカルの〝マルセイユ辺り〟については、すでに各所で語られているのと、他の選者の方が選びそうな気がするため今回は除いておりますが、影響力の面では圧倒的ではないでしょうか。

さて、シーンで目立った動きとして、ヴェテラン・プロデューサーたちがこぞってアルバムを発表。なかでもバレアリックなラウンジ・ミュージックだったシカゴのロン・トレントによる11年ぶりのアルバム。ハウス・ミュージック・ラヴァーたちを驚かせ、普段ダンス・ミュージックを熱心にチェックしない層にまで届いたと感じています。クルアンビンやジジ・マシンやアジムスのメンバーといった間違いのない音楽家がゲスト参加していたとはいえ、ロンのプロデュース力があればこそ、素晴らしいクオリティの作品へと仕上がったといえます。また、ハウス・ミュージックの帝王ルイ・ヴェガの大作も殿堂入りすべき内容でした。王道ハウスであり、オールスター的なゲストとのコラボで想像の上を飛び越していく極上の仕上がりです。ハウスの歴史がクロスオーヴァーなジャンルを介して溶け合い、分厚く豊かで圧巻のダンス・ミュージック作品で満点です。

イタリアのニュー・ゲネア。ここ数年注目を集めるナポリのシーンより、故トニー・アレンとのコラボで広くその名を知られるようになったデュオは、本作で決定的な地位を築いたといえます。地中海由来の開放的なヌケがファンク、ブギー、アフロといったスタイルで自由に綴られています。同じイタリア出身である

ジャジン・パームスのアルバムもバレアリック・フュージョンとして聴き応え充分で、イタリア発信の作品は来年も注目を集めると思います。前作がリプレスされ続けるアレックス・カシアンによる新作もヒット。ポスト・トランスなスタイルからバレアリックへの接近も見逃せません。

ポスト・バレアリック、アンビエントという意味では、DJパイソンも活動的な一年でした。本作はもちろん、エラ・マイナスとのコラボ作品、〈AD93〉からのLUIS名義、アンソニー・ネイプルズとのコンピなど、どれも外さない作品です。

日本のレーベル〈STUDIO MULE〉は2022年も良質な作品が届きました。板橋文夫、ヘンリク・シュワルツ、クニユキがコラボした2021年のヒット曲をジョー・クラウゼルがリミックスしたEPと、ラリー・ハードのディープ・ハウス・クラシックをディップ・イン・ザ・プールがカヴァーした楽曲をさらにカオス・イン・ザ・CBDがリミックスした2作品は特にセールスで大きく動きました。ハウスで名曲カヴァー+腕利きプロデューサーのリミックス=名曲という公式が成り立ちます。両作品とも、近年のトレンドであるアンビエント要素があり、来年にも引き継がれそうな動きではあります。

デトロイトからはオマーSをセレクト。自身の〈FXHE〉からの新人発掘（3人組のゲットー・テック・ユニットHI-TECHに注目）、自らの作品のリリース・ラッシュ。彼の勢いは、ポスト・インターネットの荒野を来年も独走するでしょう。

スウェーデンのアクセル・ボーマンのアルバムはダンス・ミュージックとしての軸を強く持ちながら、リスニング作品としても耐えうるカラフルなスタイルの内容で文句のない内容です。

東アジアの動きも活発です。サイケ・トランスとアシッドを民族音楽のエッセンスで鳴らすタイのモガンボや、ペギー・グーのレーベルをはじめ注目が集まった韓国のムグワなど、面白い作品がしっかりセールスに繋がっているのは個人的にも嬉しいところです。

リイシュー関連は選んでおりませんが、中古市場では暴落しきったかに見えたハード・ハウスの見直しが目立ちはじめており、来年はさらに加速しそうな予感です。

10 best House works in 2022

01. Ron Trent presents Warm | What Do The Stars Say To You | Night Time Stories / ビート
02. Louie Vega | Expansions In The NYC | Nervous
03. Nu Genea | Bar Mediterraneo | NG
04. DJ Python | Club Sentimientos Vol 2 | Incienso
05. Fumio Itabashi / Henrik Schwarz / Kuniyuki | Watarase（Joe Claussell Remix）| Studio Mule
06. Alex Kassian | Strings Of Eden | Pinchy & Friends
07. dip in the pool | What About This Love | Studio Mule
08. Omar S | Can't Change | FXHE
09. Axel Boman | Luz / Quest For Fire | Studio Barnhus
10. Mogambo | Urvi（उर्वी）| Siamese Twins

双璧を成す〈Griselda〉と〈Backwoodz Studioz〉

選・文：Genaktion
selected & written by Genaktion

128–129

Indie Rap

米国発のカルチャーとして世界中で定着しつつあるヒップホップ。なかでも音楽ジャンルとして完全にメインストリームとなったラップは、その成熟過程でメジャーとは異なるもうひとつの「インディ・ラップ」市場を形成してきた。2022年においてはどのような作品がインディ市場で盛り上がりをみせたのだろうか。22年11月現在の発表作品のなかから、今回は10作品に絞ってご紹介したい。

2022年に最も堅調だったのは〈Griselda〉だろう。腹違いの兄弟ウエストサイド・ガンとコンウェイ・ザ・マシーンを中心に結成されたNYはバッファローのレーベルで、17年にはこのふたりがエミネム率いる〈Shady〉と配給契約、19年にはウエストサイド・ガンと従兄弟のベニー・ザ・ブッチャーが〈Roc Nation〉とマネジメント契約を交わすなど、メジャーにも喰い込んでいる面々だ。もっとも、作風としては概して90年代中期風のスモーキなビートにハスリング系の言葉が踊る「サグ・ラップ」となっているため、内容的には当時の主流なラップとほぼ遜色ないのだが、現在流行のサウンドではないため、立ち位置としてはメジャー／インディのハイブリッドといった趣だ。

上述の通り、一部の所属アーティストがメジャーから作品を発表しているが、ミックステープや新興アーティストの作品は〈Griselda〉単体でも制作している。特に人気だったのはベニーの『Tana Talk 4』だろうか。J・コールを客演に召集した先行曲〝Johnny P's Caddy〟は本年を代表する一曲。また、昨年ランサムとの共作で喝采を浴びたローム・ストリーツが発表した『Kiss The Ring』も大きな話題となった。そのほかも、同

郷バッファローの女性ラッパー、シェ・ノアの『Food For Thought』、長年〈Griselda〉のサウンドを支えてきたデリンジャーが全面協力したメイヘム・ローレン『Black Vladimir』などは関連作として押さえておきたい。

〈Griselda〉と双璧を成してインディを席巻したのは〈Backwoodz Studioz〉だろう。元々キャニバル・オックスのヴォードルの作品を手がけたことで一躍知名度を増したビリー・ウッズ主催のレーベルで、NYインディの伝統的なスタイル、すなわち詩的で散文的なラップを得意としている。父親の仕事の関係でアフリカで幼少期を過ごした自身を反映しているという『Aethiopes』は、ポエトリー・ラップの先達ロブ・ソニックがかつて率いたソニック・サムのメンバー、プレザヴェイションが全面プロデュースしていた。

ビリー・ウッズ系統のラップやサウンドを好む向きには、ガイス・グェヴェラの『There Will Be No Super-Slave』も響いたかもしれない。一見政治色むき出しのようでいて抽象的な歌詞世界やミクスチャー・サウンドは、まさに白人リベラル・ファン層を取り込みそうだが、じつは興味深いテーマのリリックもある。昨今北米で先鋭化するFBA / ADOSといった黒人の分離主義者を揶揄する〝Mimicry Of The Settlers〟という曲を聴けば、具体的な説明は一切ないが、彼がフィリー育ちでブラック・パンサー関連運動に感化された汎アフリカ主義者であることが一部のリスナーには伝わるだろう。22年現在の米国黒人間での対立を象徴する曲だ。

もちろん90年代から活動するヴェテラン組も活発だった。カーの2部作『Languish Arts / Woeful Studies』はこれまで以上にストリートの賢人色が増し、コーメガは01年の名作の続編『The Realness II』を発表、つねに新作が注目されるエルザイはシンガーのジョージア・アン・モールドロウとの共作『Zhigeist』で堅調ぶりを示した。本稿は最後にザ・ウェザーメンやリーク・ブロズのメンバーとしてもインディ市場で多大な貢献を果たしたアーティファクツのテイム・ワンに捧げたいと思う。2022年、彼が亡くなる直前に『No Expiration Date』という素晴らしい作品を残してくれたことを筆者は忘れない。

10 best Indie Rap works in 2022

01. Ka | Languish Arts / Woeful Studies | Iron Works
02. Cormega | The Realness II | Cormega / Viper
03. Elzhi & Georgia Anne Muldrow | Zhigeist | Nature Sounds
04. Che'Noir | Food For Thought | TCF Music Group LLC
05. Meyhem Lauren | Black Vladimir | Black Truffle Enterprises
06. Billy Woods | Aethiopes | Backwoodz Studioz
07. Artifacts × Buckwild | No Expiration Date | Smoke On
08. Ghais Guevara | There Will Be No Super-Slave | Self-released
09. Benny The Butcher | Tana Talk 4 | Griselda
10. Rome Streetz | Kiss The Ring | Griselda

百花繚乱時代を制する徳島の才能

選・文：つやちゃん
selected & written by Tsuyachan

130–131

日本ラップ
Japanese Rap

爆発している。もはやそう形容するほかない。国内ヒップホップ・シーンはいまだかつてない勢いで百花繚乱の時代を迎え、ジャンル内に多くの火花を散らし輝いている。つい2、3年前まで支配的だったトラップ／ブーンバップの二項対立時代を乗り越え、「何でもあり」の地平で膨大な数の才能が自由を謳歌しているのだ。一方でそれらタレントの活況は現場の熱気にも反映され、全国クラブでの盛り上がりが大型フェスやイベントに波及することになった。規模感やジャンル横断性、思想は多種多様で、過去最大級となったPOP YOURS（幕張メッセ）やTHE HOPE（武道館）から、サーキットイベントとして開催されたAVYSS Circle（下北沢5会場）やTOKYO KIDS BADASS VIBES（新宿2会場）、リミテッドパーティーとしてはじまり熱狂を呼び続けているSATOHプロデュースの「FLAG」や女性アーティストの盛り上がりをエディトリアル感覚で打ち出す「desktop」など、パンデミックの抑圧を破り多くの場で人びとが躍りはじめた。もちろん、それらの流れにAwichやZORNの単独公演の成功も位置づけられるだろう。

　ところが、次世代の才能は思わぬところからやってくる。大型フェスによって国内ラッパーのピラミッド構造が強固に補強されるなか、徳島の地から鋭く切り込んだ鬼才によるミックステープを、迷うことなく今年のベストに置きたい。2022年は、Watsonの年だった。雑多なサウンドがひしめくフェーズへとシーンが突入しているからこそ、圧倒的な強度のリリックとラップを矢継ぎ早にドロップし続けた彼が、シンプルに勝者である。近年のラップにおける軟化した日本語の骨組みを活かしつつ、より一層くしゃくしゃにへし折りトリッキーな単語を接続させていくというアクロバティックなアスリートのごとき奇想天外な表現は、日本語ラップの可能性を確実に推し

Japanese Rap

広げている。他にも、個性的なラップが目立った一年だった。はっきりとした発音で大仰なフロウを重ねるLunv Loyal『SHIBUKI』や、ときに活舌を退化させることで野蛮なフロウを生む7『7-11』、早口スキルによってずば抜けた印象を残したCatarrh Nisin『Co-op』、USのトレンドとも共振するShowyRENZO『2O22』、ストイックなスタイルにじつは多くの隠れた技を仕込むC.O.S.A『Cool Kids』など、魅力的なラップ主導作品が多数生まれた。

それら本流とも言うべき正統派ヒップホップと隣接しながら、ダンス・ミュージックとの摩擦を積極的に吸収する動きも今年の傾向である。Tohjiの『t-mix』を筆頭に、ゆるふわギャング『GAMA』やーD『B1』といった傑作が狂乱のグルーヴを呼んだ。また、ロックとのクロスオーヴァーもさらに一歩踏み込んで進行し、JUBEE『Explode』やAFJB『AFJB』、Minchanbaby『FALL OUT GIRL』といった作品がY2Kリヴァイヴァルの潮流ともリンクしながら支持を集めた。格の違いを見せつけたのはkZm『Pure1000%』。ダンスとロックをヒップホップ文脈に落として消化する手つきがずば抜けていた。ハイパーポップとの融解も一段と進み、AssToro『assimilation』やBHS Svve『ouroboros』、valknee『vs』などは暴力性と甘美さがメルトするようなサウンドが炸裂。年間通して、STARKIDSの勢いも強く印象に残った。そして、究極の異才が放つ傑作という点ではKamui『YC2.5』とrirugiliyangugili『RiRU』を挙げたい。特にKamui『YC2.5』は近年隆盛するボカロ系ラップの動きをSFというレンズで料理する野心溢れた意欲作で、断固支持したい。

自由な実験が実を結ぶ一方で、レジェンドたちによる良作が多かった点にも心震えた。なかでも般若『笑い死に』、HAIIRO DE ROSSI『Revelation』、OMSB『ALONE』の3枚を中堅～ベテラン勢のベストに挙げたい。3作とも、どこか新たな一歩を感じさせる自己批評的な作風である。終演を迎えるKANDYTOWNの動きも同様、いま間違いなく国内ヒップホップ・シーンは次のフェーズに進もうとしている。

そして、最後に。GUCCI Prince よ安らかに。

10 best Japanese Rap works in 2022

01. Watson | FR FR | Self-released
02. Tohji | t-mix | Self-released
03. kZm | Pure 1000% | De-void*
04. Kamui | YC2.5 | +809
05. AssToro | assimilation | suisou
06. Fullmatic | DA APOCALYPTIC SOUNDZ (92-94) | SCISSORHANDS ENT.
07. 7 | 7-11 | 101
08. Awich | Queendum | ユニバーサル
09. ¥ellow Bucks | Ride 4 Life | To The Top Gang
10. Catarrh Nisin | Co-op | MTMTE

さまざまに問い直される「日常」

選・文：三田格
written by Itaru W. Mita

フォーマット通りのアンビエントを聴くと白々しく感じられる年だった。どことなくノイジーな裏切りがあったり、平和はウソだというアクセントがあったりしないと（時代に対する鈍感さが気になって）最後まで聞けなかった。ファンタジーに没入するならフィンランドのグライ・パイやデンマークのソフィー・バーチのようによほど強度を持たないと説得力がないし、自分の世界がありすぎる作家はそのこと自体が邪魔に感じられる瞬間も多かった。２０２２年の「落ち着きたい」は２０２１年までの「落ち着きたい」とはぜんぜん異なっていて、むしろいつもより過剰に優しい音楽が聴きたいと思っているのに、それに応えてくれた音楽は少なかった。そういった難しいマインドにコミットしてくれたのがテキサスのモア・イーズで、10年代後半からノイズやシンセ〜ポップなどアンビエントにフォーカスするまで複雑な試行錯誤を続けたプロデューサー。2年前に自分の名前をタイトルにした『Mari』で急浮上し、クレア・ラウジー（claire rousay）と2作連続の共作を経て完成させた『Oneiric』はタイトル通り夢を題材にミュジーク・コンクレートの第一義である無意識にアプローチ。ジェンダーやアイデンティティ、そして、「ありふれたこと」について考え続けたというマリ・モーリスのこだわりが功を奏したのだろう、ベートーヴェンを思わせる重苦しいロマンティシズムとは裏腹に「もっと楽に」というユニット名は世界情勢の厳しさを前にしても有効なコンセプトになっていると感じられる。ブルックリンのアジア系、オヒョン（OHYUNG）がヒップ・ホップやノイズを離れて初めて制作したアンビエント作品『imagine naked!』は同じく優しい響きを持ちな

がら、もっとスタンダードなアプローチ。タイトルはおそらくタブラ・ラサの意味で、ジョン・レノンと同じ性善説が確信的に編み込まれている（イーノが自分の日常を題材にしたらこんな風になるかもしれない）。アンビエント作家がこのところ主題化するのはとにかくアイデンティティで、個人的な記憶やダイアリーをアンビエントに変換する試みはまったく衰えず、世界でも日本でも明らかにパワー・バランスが揺らぐことによって影響を受ける日常を題材としながら個人の殻に閉じこもる例と外に開かれる例を対照的に表出させる。前者の成功例はマドレーヌ・ココラスやナタリー・ベリツェ、後者がピンソンとなるだろうか。ココラスもベリツェもこの日常が消えてしまわないようにという危機感に裏付けられた表現で、いずれも無類の儚さを漂わせる。少なくとも僕はそこに反応した。導入は前者と同じに思えた後者も「ブラック、ライヴス、マター」というシュプレヒコールをループさせたタイトル曲になると様相が異なり、ロック・ダウンの日々を捉えて「気ぜわしい平和」というタイトルにすることで「日常であって日常ではない」感覚のエクスキューズはとても現在を感じさせる。「いままでの日常とは異なる日常」は気候変動を主題にしたワットエヴァー・ザ・ウェザー名義のロレイン・ジェイムズにも反映され、イーノ『Foreverandevernomore』やディジトーナル（Digitonal）『Set the Weather Fair: Seasons』など気候問題の逼迫度はむしろ遅すぎたと思えるほど。いつも変わった題材で楽しませてくれるヴァンダーヴェル（Wanderwelle）も気候変動3部作の第1弾として『Black Clouds Above The Bows』に取り組み、過剰なまでに悲壮感を増幅させる。いっそのこと最悪の場合を想像しているようなチリのアブラクサスの方が面白い気もしたり（これが何度聴いてもPIL“Radio 4”を思い出す）。字数がなくなってしまったけれど、個人的な記憶やダイアリーをアンビエントに変換する試みではかなり早い時期の作品『Hidden Name』をステファン・マシュウとともに構築していたヤネク・シェーファーがヴェテランのバジンスキーと組んだジョイント・アルバム『. . . On Reflection』は時間をテーマに8年をかけたという大作で、なるほど時を超えたメランコリーがいまの季節にもシビアにリーチしてくる。

10 best Ambient works in 2022

01. More Eaze | Oneiric | OOH-sounds
02. Abraxas | Abraxas | Dosis
03. OHYUNG | imagine naked! | NNA Tapes
04. Natalie Beridze | Of Which One Knows | Room40
05. Sofie Birch | Holotropica | Intercourse
06. Whatever The Weather | Whatever The Weather | Ghostly International / PLANCHA
07. Pinson | This Restless Peace | Aural Canyon
08. Madeleine Cocolas | Spectral | Room40
09. William Basinski & Janek Schaefer | . . . On Reflection | Temporary Residence Limited
10. Grykë Pyje | Squirlich Stroll | mappa

青木絵美 Emi Aoki
通訳・翻訳家

ライヴで聴きたい、ダンスフロアで踊りたいと猛
烈に感じさせてくれた、2022年の強者たち。日
本では音楽イベントが復活の兆しを見せ、海外ア
クトの来日も多く実現した。フジロックに通訳と
して久々に召喚され、現場の空気感を忘れていた
自分に気づいた。次なるステップは海外パー
ティーに遊びに行くこと。メタヴァースとは対極
かもしれないが、世界各地の仲間とリアルに体感
する音楽——そんな娯楽を取り戻していきたい。

青木絵美 Emi Aoki
通訳・翻訳家

134

134

ライター／アーティスト／DJなど
計23組が選ぶ、
2022年のお気に入り10作品を紹介

my 10 favourite works of 2022
2022年わたしのお気に入りベスト10

01. black midi
Hellfire
Rough Trade

02. Shinedoe
Freedom Riders
Music That Moves

03. μ-Ziq
Magic Pony Ride
Planet Mu

04. Isabella Lovestory
Amor Hardcore
Self-released

05. Hagop Tchaparian
Bolts
TEXT

06. 寺田創一
Asakusa Light
Rush Hour

07. DOMi & JD BECK
NOT TiGHT
Apeshit / Blue Note

08. Dry Cleaning
Stumpwork
4AD

09. ebdl
Brockwell Mixtape
P-VINE

10. Steffi
The Red Hunter
Candy Mountain

天野龍太郎 Ryutaro Amano
編集者／ライター

別稿との重複は避けた。他は明日の叙景、ラチカ・ナヤール、ジ・エフェメロン・ループ、ハドソン・モホークなど（選びきれない）。Mikikiの連載のフェイドアウトで下半期はレトロスペクティヴだったかも。『90年代ディスクガイド』の執筆やリヴァイヴァルの影響で90年代にどっぷり（いちばん聴いたのはパルプ）。ぐちゃぐちゃになった本業、世相、家族のこと、円安でしんどかった。来年こそハッピー、シャイニー＆ラッキーに生きたい！

天野龍太郎 Ryutaro Amano
編集者／ライター

135

01. 岡田拓郎
Betsu No Jikan
NEWHERE MUSIC

02. claire rousay
everything perfect is already here
Shelter Press

03. ゆめであいましょう
水のはて
Club Lunatica

04. tofubeats
REFLECTION
ワーナーミュージック・ジャパン

05. DJ Sabrina the Teenage DJ
Bewitched!
Spell on the Telly

06. Jordana
Face the Wall
Grand Jury / Tugboat

07. billy woods
Aethiopes
Backwoods Studioz

08. Kali Malone
Living Torch
Portraits GRM

09. KENNY-G
THE FIRST
3BALLZ

10. Eden Samara
Rough Night
Local Action

浅沼優子 Yuko Asanuma
ライター／ブッキング・エージェント

2022年に出た新譜はほぼ例外なく、パンデミックによってそれまでの日常が奪われ、その状況にどう向き合ったかを反映しているはずだ。隔離が終わって前と同じような生活が再開したようでも、かつての無邪気な自分に戻ることはもうないのだというもの哀しさを代弁してくれているような音楽が染み、心に残った。そんななか、元気をくれたのはやはりニェゲニェゲ勢。締め切り直前に滑り込んできた日野君の新プロジェクトの完成度にも興奮。

浅沼優子 Yuko Asanuma
ライター／ブッキング・エージェント

135

01. Felinto
Não Tem Volta
Bokeh Versions

02. Emeka Ogboh
6° 30’33.372”N 3° 22’0.66”E
Danfotronics

03. Moor Mother
Jazz Codes
ANTI-

04. Kazufumi Kodama & Undefined
2 Years / 2 Years in Silence
rings

05. Robert Glasper
Black Radio III
Loma Vista

06. Kae Tempest
The Line is a Curve
Fiction

07. KMRU & Aho Ssan
Limen
Subtext

08. KAKUHAN
Metal Zone
NAKID

09. Lala &ce, Low Jack
Baiser Mortel
PAN

10. Phelimuncasi
Ama Gogela
Nyege Nyege Tapes

岡田拓郎 Takuro Okada
音楽家

「サブスクのアプリを立ち上げてトップ画面を見つめるともう何だか煩くて仕方ない……」とは、長年、新譜が出れば片っ端から聴きまくっていた友人の一言。僕もサブスクをはじめたばかりの頃は、毎日起きたらどんな新しい音楽が聴けるんだろうとワクワクしながらまずアプリを立ち上げるのが日課でしたが、コロナ禍を経てそんな習慣もいつしかなくなり、レコードやBandcampで買った新譜をゆっくり繰り返し聴くようなことが多かったです。

岡田拓郎 Takuro Okada
音楽家

136

01. Jeff Parker
Mondays At The Enfield Tennis Academy
Eremite

02. Qasim Naqvi, Wadada Leo Smith, Andrew Cyrille
Two Centuries
Red Hook

03. Joshua Bonnetta
Innse Gall
Shelter Press

04. Big Thief
Dragon New Warm Mountain I Believe In You
4AD

05. Alabaster DePlume
Gold – Go Forward in the Courage of Your Love
International Anthem Recording Company

06. Marty Holoubek
Trio III
Apollo Sounds

07. Valentina Magaletti
Rotta
Blume

08. Oren Ambarchi / Johan Berthling / Andreas Werliin
Ghosted
Drag City

09. Valerio Tricoli
Say Goodbye To The Wind
Shelter Press

10. Sylvie
Sylvie
Full Time Hobby

大塚広子 Hiroko Otsuka
ライター／DJ

娘と共演するフローラ・プリムや出産後のアンドレア・モティスなど、女性たちそれぞれの移りゆくタームのなかで、自己を正直に表現する姿に勇気をもらった。歴史的人物をテーマにした作品も印象的で、これまでの語られ方とは違う意図を持ってアーティスト性を反映させ、過去の事象を未来にも届けようとする生命力が感じられた。この生き生きとした感覚は、フィジカルさを伴うホーンメインのコレクティヴの作品でも湧き出ている。※ジャズ・チャートに挙げたものを除く。

大塚広子 Hiroko Otsuka
ライター／DJ

136

01. Thandi Ntuli
Blk Elijah & The Children of Meroë
Ndlela Music

02. Flora Purim
If You Will
Strut

03. Theo Parrish
DJ-Kicks-Detroit Forward
!K7

04. Kokoroko
Could We Be More
Brownswood

05. Andrea Motis
Loop Holes
Jazz to Jazz

06. Moor Mother
Jazz Codes
ANTI-

07. Somi
Zenzile: The Reimagination Of Miriam Makeba
Salon Africana

08. 中林薫平オーケストラ
Circles
KP-LAB

09. Jas Kayser
JAS 5IVE
Jazz Re: Freshed

10. Andra Day
The United States vs. Billie Holiday
Warner

小山田米呂 Milo Oyamada
ミュージシャン

2022年は久しぶりにバンドをはじめたので、音楽の聴き方もバンド・サウンドの作り方やミックスなど意識することが多い一年でした。ベスト10に入りきらなかったものもとても素晴らしいものばかりでかなり悩みましたが、BCNRは迷わず1位に選びました。2022年はこれを聞けただけでもいい一年だったと言えるほど最高のアルバムでした。

小山田米呂 Milo Oyamada
ミュージシャン

137

01. Black Country, New Road
Ants From Up There
Ninja Tune

02. Horsegirl
Versions Of Modern Performance
Matador

03. Shabason & Krgovich
At Scaramouche
Idée Fixe

04. Jockstrap
I Love You Jennifer B
Rough Trade

05. Big Thief
Dragon New Warm Mountain I Believe In You
4AD

06. Cate Le Bon
Pompeii
Mexican Summer

07. The Beatles
Revolver (Super Deluxe)
Universal

08. Beyoncé
Renaissance
Parkwood / Columbia

09. Sam Wilkes, Jacob Mann
Perform the Compositions of Sam Wilkes & Jacob Mann
Leaving

10. Pripyat
Marina Herlop
PAN

小川充 Mitsuru Ogawa
ライター

ジェイムズ・アレキサンダー・ブライト、アブナイ、アルジュナ・オークス、リンドフォーク、シャーロッテ・ドス・サントスら新手のアーティストが活躍した2022年。南ロンドンのシンガー&ギタリストのオスカー・ジェローム、彼も在籍したアフロ・バンドのココロコ、それぞれテイストは異なるなかでもフォーキーなムードやグルーヴが共通し、同じくアフロ・バンドのジェンバ・グルーヴやイスラエルのバターリング・トリオにも当てはまる要素だ。

小川充 Mitsuru Ogawa
ライター

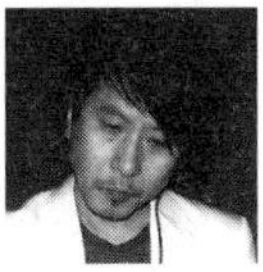

137

01. Oscar Jerome
The Spoon
Jeromeo

02. James Alexander Bright
Float
!K7

03. ABUNAI
Chrysalis
Tartelet

04. Arjuna Oakes And Serebii
Final Days
Innovative Leisure

05. Jembaa Groove
Susuma
Agogo

06. Kokoroko
Could We Be More
Brownswood

07. LNDFK
Kuni
Bastard Jazz / La Tempesta International

08. Ezra Collective
Where I'm Meant To Be
Partisan

09. Buttering Trio
Foursome
Raw Tapes

10. Charlotte Dos Santos
Morfo
Because Music

木津毅 Tsuyoshi Kizu
ライター

2022年は新しい音楽をそんなにたくさん聴けなかったものの、紙エレキングのフォーク特集号を手伝ったときにたくさんフォーク／カントリーを聴いたのが自分にとって大切な時間だった。folk（連中）というのはある種のコンセプトで、誰と何をシェアして生きていくのかと。この間観たビッグ・シーフのライヴはそれだけを追求しているかのようだった。毎日不安は尽きないけれど、それでも誰かと喜びや笑いを分け合えますように。

木津毅 Tsuyoshi Kizu
ライター

01. Big Thief
Dragon New Warm Mountain I Believe In You
4AD

02. Charlotte Adigéry & Bolis Pupul
Topical Dancer
DEEWEE / Because

03. Special Interest
Endure
Rough Trade

04. 七尾旅人
Long Voyage
SPACE SHOWER MUSIC

05. caroline
caroline
Rough Trade

06. Sudan Archives
Natural Brown Prom Queen
Stones Throw

07. Aldous Harding
Warm Chris
4AD

08. Bill Callahan
REALITY
Drag City

09. SAULT
11
Forever Living Originals

10. Bonny Light Horseman
Rolling Golden Holy
37d03d

河村祐介 Yusuke Kawamura
ライター・OTOTOY編集長など

なんというか「明け」感というか、当たり前ながら2010年代の続きみたいなものが一気に更新された感覚がありました。もしくは水面下でうごめいていたものが顕在化したというか。あと、テクノは洋の東西を問わずリイシューの対象になり、いろいろ出てきてますね。個人的には2000年代のクラブ・ミュージックのCDを延々と掘っていました（安いから）。と、そんな耳にも突き刺さった10作品ということで。

河村祐介 Yusuke Kawamura
ライター・OTOTOY編集長など

138

01. Huerco S.
Plonk
Incienso

02. Kazufumi Kodama & Undefined
2 Years / 2 Years in Silence
rings

03. Born Under A Rhyming Planet
Diagonals
DDS

04. Om Unit
Acid Dub Studies II
Self-released

05. COMPUMA
A View
SOMETHING ABOUT

06. D. Tiffany, Roza Terenzi
Edge Of Innocence
Delicate

07. Keita Sano
LOVE HATE LOVE THINK
Mad Love

08. Yunzero
Butterfly DNA
West Mineral

09. KAKUHAN
Metal Zone
NAKID

10. Jeff Mills
Mind Power Mind Control
Axis

杉田元一 Motoichi Sugita
音楽制作／執筆

すべてハイレゾ・ファイルのあるものから選出。さまざまな理由はあれど、せっかく自身の音楽をより原音に忠実に届けられるフォーマットが広く普及しつつあるのに、それを生かさないアーティストがまだまだいるのが残念です。旧譜のハイレゾ・リイシューももっと進めてもらいたいですね。あがた森魚の『乙女の儚夢』のDSD11.2配信やスーサイド『Surrender』リマスターは素晴らしかったです。

杉田元一 Motoichi Sugita
音楽制作／執筆

139

01. Brian Eno
FOREVERANDEVERNOMORE
Opal

02. Kazufumi Kodama & Undefined
2 Years / 2 Years in Silence
rings

03. Nils Frahm
Music for Animals
Leiter

04. Sam Prekop and John McEntire
Sons Of
Thrill Jockey

05. Carlos Niño & Friends
Extra Presence
International Anthem Recording Company

06. 曽我部恵一
Memories & Remedies
ROSE

07. Mary Halvorson
Belladonna
Nonesuch

08. Horace Andy
Midnight Rocker
On-U Sound

09. Kalia Vandever
Regrowth
New Amsterdam

10. Nduduzo Makhathini
In The Spirit Of Ntu
Blue Note / Universal

柴崎祐二 Yuji Shibasaki
音楽ディレクター／評論家

公平性の視点から、自ら制作に関わった作品は除外。数年来、続々リリースされるニューエイジ・リヴァイヴァル以降の感覚を湛えたアンビエント作品に心を奪われてきたわけですが、ここへきて、そういった要素が他ジャンルへとより一層染み出し、優れたレコードがたくさん登場してきている印象です。すでに一定のファンダムを形成しつつある「アンビエント・ジャズ」はもちろん、このところはフォーク的なフォームと融合したアンビエント作品に関心を抱いています。

柴崎祐二 Yuji Shibasaki
音楽ディレクター／評論家

139

01. 岡田拓郎
Betsu No Jikan
NEWHERE MUSIC

02. Andrew Tuttle
Fleeting Adventure
Mistletone

03. caroline
caroline
Rough Trade

04. Surya Botofasina
Everyone's Children
Spiritmuse

05. 笹倉慎介
Little Bug
PUFFIN

06. The Zenmenn And John Moods
Hidden Gem
Music From Memory

07. 浮
あかるいくらい
Sweet Dreams Press

08. Big Thief
Dragon New Warm Mountain I Believe In You
4AD

09. Danny Scott Lane
Wave To Mikey
Glossy Mistakes

10. Makaya McCraven
In These Times
Nonesuch / International Anthem Recording Company / XL

つやちゃん Tsuyachan
文筆家／ライター

国内ヒップホップの方でまとめた作品は外してセレクト。アジア勢への注目やアフロビート、レゲトンの熱といった近年の傾向が加速し、さらにダンスの復権が起こったことで本格的に新たな20年代がはじまった印象の一年だった。ますます中心なき状況のなかで、ムーヴメントを作ったロザリアとビヨンセには感服。他にも、5th wave emoを一歩先に進めたNounsや日米クロスオーヴァーを果たしたBudamunk & Jansport J、新たな立体的サウンドを提案したJojiの作品も素晴らしかった。

つやちゃん Tsuyachan
文筆家／ライター

01. 宇多田ヒカル
BADモード
エピック

02. Rosalía
MOTOMAMI
Columbia

03. 中村佳穂
NIA
AINOU

04. Beyoncé
Renaissance
Parkwood / Columbia

05. Wizkid
More Love, Less Ego
RCA / Starboy

06. black midi
Hellfire
Rough Trade

07. Raveena
Asha's Awakening
Warner

08. The Ephemeron Loop
Psychonautic Escapism
Heat Crimes

09. Denzel Curry
Melt My Eyez See Your Future
Loma Vista

10. 松永拓馬
ちがうなにか
Self-released

髙橋勇人 Hayato Takahashi
音楽ライター

漫画／アニメ『チェンソーマン』が好きで主題歌の⑩を選んだ。曲の展開も歌詞の一部も気に入ったのでリピートしている（リズムが普通のドラムンベースなのが残念）。⑤、⑥や⑦のように葛藤を抱え生きていくこと／世界を歌ったシンガーも必要だった。①は彼女の最高傑作。②、③、④が自分のダンス・ミュージックのモード。⑧のゴム／アマピアノのヴァイブスもすごかった。⑨の葉っぱが奏でるメロディにも耳を傾けていた。

髙橋勇人 Hayato Takahashi
音楽ライター

140

01. ulla
foam
3XL

02. MOBBS
Untitled
Chrome

03. Jamal Moss
Thanks 4 the Tracks U Lost
Modern Love

04. Jack Chrysalis
Jack Chrysalis
Mana

05. Coby Sey
Conduit
AD93

06. 七尾旅人
Long Voyage
SPACE SHOWER MUSIC

07. Rina Sawayama
Hold the Girl
Dirty Hit

08. Scratcha DVA
Dese R The Vybz' vol.1
Apple Music

09. Biluka y Los Caníbales
Leaf-Playing in Quito, 1960-1965
Honest Jon's

10. 米津玄師
KICK BACK
SME

野中モモ Momo Nonaka
ライター／翻訳者

とにかくビヨンセの新譜と関連作品ばかり聴いていた気がします。輝けるディスコ・ディーヴァとハウス・ミュージックは、キラキラした夜の街に夢を見つつ結局うちでネットに張り付いていがちな自分のような人間にも大きな影響を与えてきたのです。ゆっきゅんもそういうことを証明する存在でユニーク。そんな彼も2022年クラブの良さをどんどん発見しているようで目が離せません。ロウレイロとマルチニは来日公演も最高でした。

野中モモ Momo Nonaka
ライター／翻訳者

141

01. Beyoncé
Renaissance
Parkwood / Columbia

02. Antonio Loureiro & Rafael Martini
Ressonância
Self-released

03. ゆっきゅん
DIVA YOU
GUILTY KYUN

04. 坂本慎太郎
物語のように
zelone

05. black midi
Hellfire
Rough Trade

06. Horsegirl
Versions Of Modern Performance
Matador

07. Sofie Royer
Harlequin
Stones Throw

08. Mitski
Laurel Hell
Dead Oceans

09. Dry Cleaning
Stumpwork
4AD

10. Sasami
Squeeze
Domino

デンシノオト Denshinooto
ライター

①アーティストが生成変化するさま。エレクトロニック・ビースト。②形容不可能／仮想民族音楽。③エレクトロニカ・フェミニズム。④壊れたオウテカの残骸のような音がここに。⑤無情の世界に鳴るダンス・ミュージック。⑥シン・エクスペリメンタル・ミュージック。闘争と優雅と破壊と創造と未来と現在。⑦サンプリング・アンビエントの傑作。⑧2022年のドローン・フォーク。⑨ハープと環境音。⑩〈Subtext〉こそ尖端だった。

デンシノオト Denshinooto
ライター

141

01. Ripatti Deluxe
Speed Demon
Rajaton

02. CS + Kreme
Orange
The Trilogy Tapes

03. Valentina Berthelon
Perfect Immortal Machine
NSP

04. HYPHY HYENA
WHIPPING CREAM
VNR

05. Dale Cornish
Traditional Music of South London
The Death Of Rave

06. Klein
STAR IN THE HOOD
Parkwuud

07. ulla
foam
3XL

08. Ellen Arkbro & Johan Graden
I get along without you very well
Thrill Jockey

09. Ann Eysermans
For Trainspotters Only
cortizona

10. KMRU & Aho Ssan
Limen
Subtext

二木信 Shin Futatsugi
ライター

最初は日本のラップとヒップホップは他の媒体でもベストを選ぶ理由でこのチャートからは外そうとも考えた。が、音楽やアートについての審美眼が鋭いエレキングの読者、そして編集部に聴いてもらい、批評、議論をさらに活発化してほしいと思い直し、結果、5作品を入れた。曽我部恵一がギターで参加した小林勝行以外は、新進気鋭の若いラッパーの作品と言えるだろう。どの作品もまだまだ「過小評価」と言わざるを得ない。よろしくお願いします。

二木信 Shin Futatsugi
ライター

142

01. Sudan Archives
Natural Brown Prom Queen
Stones Throw

02. Power DNA
強宿
aganski network

03. Gabriels
Angels & Queens – Part I
Parlophone

04. Kenny Beats
Louie
XL

05. 小林勝行
KATSUYUKISAN
Self-released

06. Kehlani
Blue Water Road
Atlantic

07. Watson
FR FR
Self-released

08. Yaya Bey
Remember Your North Star
Big Dada

09. hyunis1000
NERD SPACE PROGRAM
RCSLUM

10. NE Da Murakami
MEBUKI
Self-released

James Hadfield
The Japan Times / The Wire

2022年は外へ出てたくさんのギグに足を運び、旧友たちと再会できたのは喜ばしいことだったけれど、私が惹きつけられた音楽はより内向的なものになる傾向にあった。ふだん私は年間ベスト・アルバムにアーカイヴ音源を選ぶことはないのだが、クセナキスのボックス・セットは驚くべきブツで、いつも近寄りがたいと思っていた作曲家の作品への、貴重な入り口を提供してくれた。

James Hadfield
The Japan Times / The Wire

142

01. Iannis Xenakis
Electroacoustic Works
Karlrecords

02. Rosalía
MOTOMAMI
Columbia

03. Piotr Kurek
World Speaks
Edições CN

04. Björk
Fossora
One Little Independent

05. caroline
caroline
Rough Trade

06. KAKUHAN
Metal Zone
NAKID

07. Oren Ambarchi
Shebang
Drag City

08. Debit
The Long Count
Modern Love

09. Asha Sheshadri
Interior Monologues
Hold

10. 池田若菜
Repeat After Me (2018-2021)
Fresh Lettuce

Mars89
DJ ／ Composer

2022年も未来へと前進する力のある音楽に救われた年だった。ただ未来と言っても破滅的で閉塞的でペシミスティックな未来を連想させるのではなく、可能性が開いていく未来を、未知のものが待ち受けている予感のあった未来を、希望があった未来を思い出させるような作品に強く惹かれていたように思う。自身のアルバムのコンセプトのひとつがそうであったように、希望のある未来を諦めない力が私には必要だったのだろう。

Mars89
DJ ／ Composer

01. DJ Stingray 313
F.T.N.W.O.
Micron Audio

02. SHXCXCHCXSH
Kongestion
Avian

03. Jana Rush
Dark Humor
Planet Mu

04. 700 BLISS
Nothing To Declare
Hyperdub

05. MANISDRON
Body Of Void
L.I.E.S.

06. Actress
Dummy Corporation
Ninja Tune

07. Shamos
Art For Animals
Role Models

08. Burial
ANTIDAWN EP
Hyperdub

09. Mina
TRANCEHALL
Earth Kicks

10. Björk
Fossora
One Little Independent

細田成嗣 Narushi Hosoda
ライター／音楽批評

2022年も優れたアルバムが多数リリースされたが、ここではフリー・インプロヴィゼーションとその周辺から、「ソロ」「多人数」「遠隔コラボ」「フィールド・レコーディング」「ライヴ・インスタレーション」の5つの観点を設定し、それぞれ面白いと感じた作品をこの順番で選定した。とりわけフィーレコは書籍の刊行もあり、前年以上に活況を呈した印象。ここで取り上げていない佳作も多く、今後も注目すべき分野になりそうだ。

細田成嗣 Narushi Hosoda
ライター／音楽批評

143

01. Chris Pitsiokos
Art of the Alto
Relative Pitch

02. Kieran Daly
Pre-recorded guitar monophony with unaccompanied improvisations
Madacy Jazz

03. The Melting Sculptures
Vol. II
Self-released

04. Hayato Kurosawa, Hikaru Yamada, Wakana Ikeda, Ryotaro Miyasaka
CONCERT AT SCOOL
Self-released

05. Various
Weavings
Other People

06. [_ _ _]
[_ _ _]
SUPERPANG

07. VAVABOND
散歩 | take a walk
CFI

08. Sun Yizhou
Noise floor
Bluescreen

09. Bárbara González
Acción Rizoma
Tsonami

10. suzueri & fumi endo
toy-piano sokubaikai / トイピアノ即売会
zappak

Takashi Makabe (Zodiak)
グラフィック・デザイナー／DJ

ベルリンの〈Mangel〉や〈ADK〉周辺からのリリースは2022年も魅力的なものが多い。夏にスケートパークでおこなわれたVerliererのリリース・パーティーは、DIY精神に満ち溢れていてさらに惚れ込んでしまった。溺愛するMoinのリリースも印象的だったが、最も驚きのリリースはBoris WilsdorfとRegisによる〈Downwards〉からのEROS。

Takashi Makabe (Zodiak)
グラフィック・デザイナー／DJ

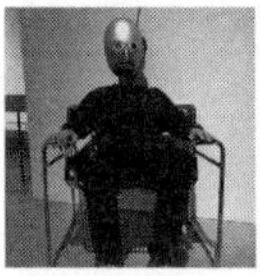

144

01. Eros
A Southern Code
Downwards

02. Moin
Paste
AD 93

03. Die Verlierer
Die Verlierer
Mangel

04. Valentina Magaletti
La Tempesta Colorata
A Colourful Storm

05. Horse Lords
Comradely Objects
RVNG Intl.

06. Treasury Of Puppies
Mitt Stora Nu
Discreet Music

07. Thomas Bush
Preludes
Mammas Mysteriska Jukebox

08. Straw Man Army
SOS
La Vida Es Un Mus

09. The Lloyd Pack
I Bet You've Got Some Good Stories
Low Company

10. Cut Hands
Sixteen Ways Out
Susan Lawly

Ian F. Martin
Call & Response Records

これらのアルバムの多くは、なんらかのかたちでロック・ミュージックを引き裂いている。そのやり方に私は非常にわくわくした。歌を暴力的に切り裂いているものもあれば、互いに異なってはいるもののテーマ的には近似性のあるジャンルを一緒くたにして滲ませているものもある。あるいは、伝統的なポップの構造を引き延ばしたり歪めるたりするような音楽的アレンジを施しつつ、さりげなくスポークン・ワードを混ぜ合わせるものもあった。

Ian F. Martin
Call & Response Records

144

01. Gilla Band
Most Normal
Rough Trade

02. The Leaf Library
Library Music: Volume 1
Where It's At Is Where You Are

03. caroline
caroline
Rough Trade

04. Guided By Voices
Scalping the Guru
Guided By Voices Inc.

05. Dry Cleaning
Stumpwork
4AD

06. Brian Eno
FOREVERANDEVERNOMORE
Opal

07. P.E.
The Leather Lemon
Wharf Cat

08. Soul Glo
Diaspora Problems
Epitaph

09. The Mountain Goats
Bleed Out
Merge

10. Sinéad O'Brien
Time Bend and Break The Bower
Chess Club

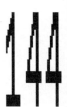

yukinoise
ライター

FKAツイッグスをはじめ、QTからHydへの転身作やシャイガールのデビュー・アルバムなど、エレクトロニックと交差するシンガーの楽曲が豊作だった1年。コロナ禍を経たアンビエントな流れから重心低めな新しいラテンの匂いもやってきて、しばらく続いた自己内省期間からようやく陽の兆しも見えてきたような。パーソナルとグルーヴィーの二極をグラデーション的に行き来したセレクトです。

yukinoise
ライター

145

01. FKA Twigs
CAPRISONGS
Young / Atlantic

02. Hyd
CLEARING
PC Music

03. Shygirl
Nymph
Because Music

04. Hudson Mohawke
Cry Sugar
Warp

05. Yung Lean
Stardust
World Affairs

06. pigbaby
Palindromes
PLZ Make It Ruins

07. RIP Swirl
Blurry
Public Possesion

08. Burial
ANTIDAWN EP
Hyperdub

09. Whatever The Weather
Whatever The Weather
Ghostly International

10. Isabella Lovestory
Amor Hardcore
Self-released

三田格 Itaru W. Mita
ライター・編集

ロマン主義が忍び寄っているのかなー。戦争もあったことだし。いいかげん効率や合理性ばかり要求する新自由主義に反発して自我の解放を求める動きが出てきてもおかしくはないかも。多部未華子とか有村架純が演じる堅苦しい女性キャラはもう戯画化みたいなもので、『初恋の悪魔』や『エルピス』では社会的にコントロールの効かない女性が爆発しかけている気が。

三田格 Itaru W. Mita
ライター・編集

145

01. Cypher
Glasgow
Appendix.Files

02. Konsudd
Glimmer
amenthia

03. Rhyw
Honey Badger
Voam

04. More Eaze
Oneiric
OOH-sounds

05. Nouveau Monica
BBB
Human Disease Network

06. Forces
Inertia
Infinite Machine

07. M.I.A.
Mata
Island

08. Julian Sartorius & Matthew Herbert
Drum Solo
Accidental

09. rRoxymore
Perpetual Now
Smalltown Supersound

10. Daev Martian
Digital Feedback
Alpha Pup

The Words That Was Sung through the Long Voyage
「長すぎる船旅」の途上で歌われた言葉
——2022年、日本のポップ・ミュージックとその歌詞

文：天野龍太郎
written by Ryutaro Amano

二月にはじまり、終結の糸口がまったく見えないロシアによるウクライナへの一方的な軍事侵攻。七月に起こった安倍晋三の銃撃事件と彼の国葬、そして旧統一教会を巡る議論。混乱のただなかでおこなわれた参院選。マサ・アミニの痛ましい死を契機に九月にはじまった、女性の権利と自由を求めるイランでのデモ。

とんでもない年だった。人間の愚かさと野蛮さを痛感した年だった。

そんな一年を振り返ったときに、特にこの国のミュージシャン、シンガーがこの国の言葉で、この状況下で何を歌い奏でたのかに、私は興味があった。それだけ言葉が重要な意味を持った年だったから（だからこそ、飛び交う言葉に疲弊し、また音楽の既存の形式からの解放を試みるために「言語」を排除した岡田拓郎が、「とにかく音にフォーカスする（＊1）」という単純かつ真摯な方法を取った『Betsu No Jikan』にも感動させられた）。

　七尾旅人の『Long Voyage』は2022年、歌における「言葉」ということを考えたときに、この国で最も重要な作品のひとつだったと言っていい。アルバムの開幕を静かに告げるのは、〝crossing〟という曲だ。横浜ベイブリッジを渡る車の窓外にダイヤモンド・プリンセス号が突然浮かび上がる結末は、聴き手の時間を2020年2月へ、呪われたコロナ禍のとば口へ、「長すぎる船旅」のはじまりへ一気に巻き戻す。

　「船」のモチーフは、〝ソウルフードを君と〟や〝Long Voyage〟「停泊」で全面化される。後者の「船」は世界史と世界地図を横断していくが、前者では明確に植民地主義時代のサンタ・マリア号と奴隷船を指す。故郷から強制的に引き剥がされ、散らばり、暴力にさらされてきたアフリカ系の人びとの声と魂を繋ぎとめるのは、「SOUL FOOD」だ。一方、その直前に置かれた重苦しい〝入管の歌〟では、現在の日本に漂着した別のディアスポラ――惨たらしい死に追いやられたウィシュマ・サンダマリを思わせる「ニッポンの檻のなか」の少女の姿が描かれる。

　ディアスポラ。ラッパーのKENNY-Gは今年、数度逮捕されて表舞台に立つことはほとんどなかったため、彼のファースト・アルバム『THE FIRST』はひっそりとリリースされた。セクシーなギャングスタ・ラップにのせて、KENNY-Gは母国語であるタガログ語を随所に、さりげなく差し込んでみせる。「日本語ラップ」という環境における異物を。

　ライオット・ガールを自認する春ねむりは、マイノリティの弱く小さな声を自身の言葉を通して表現した。『春火燎原』の実質的な最終曲である〝生きる〟について彼女は、2020年に幡ヶ谷のバス停で殴り殺されたホームレスの女性と、人間の手によって痛めつけられながら死んでいった野良猫を思いながら逡巡を吐露している（＊2）。「How beautiful life is!」。……本当に？

　Awichはメジャー・デビュー・アルバム『Queendom』で、「島のカルマ」（〝Queendom〟）に雁字搦めになりながらも、それを振り切って女王の君臨を宣言した。同作の発表後にリリースされたのは、沖縄返還から50周年を祝う〝TSUBASA〟だった。そこでフィーチャーされた娘のYomi Jahは、「毎朝、聞こえる君が代とstar spangled」と引き裂かれた島を描き、「感じる、普天間の風」と基地の移設問題に触れた上で、「No matter what you are　みんな同じ人間なんだね」と人類愛をラップしている。

他方、ヴェテランの佐野元春は、ザ・コヨーテバンドとの今年二作目になるアルバム『今、何処』で、斜陽の列島の現状を凍てつく視点から描写する。その時々の状況に対する抵抗の歌を歌ってきた佐野だが、同作ではいままでにないほどの具体的な言葉を連ねており、無常感が横溢している。諦念に苛まれるなか、「まだまにあいますように」（〝さよならメランコリア〟）、「君の魂／無駄にしないでくれ」（〝斜陽〟）と、祈りのようなフレーズが辛うじて歌われる。また、佐野以上に長いキャリアを歩んできた山下達郎は、戦時下である現在に向けて、〝OPPRESSION BLUES（弾圧のブルース）〟というプロテスト・ソングを11年ぶりのアルバム『SOFTLY』に収めた。

特異なアプローチを見せたのは坂本慎太郎だ。近年、直接的に政治的な言葉も歌ってきた坂本は、閉塞感と重圧がのしかかるなか、あえてラヴ・ソングを歌うことでツイストした軽薄さを打ち出し、「スカッとした音楽（＊3）」を提示した。

この惨状を前に、ポップ・ソングの手垢の付いた常套句である「未来」を歌うことは、冗談や皮肉に感じられなくもない。しかし、ここまでに挙げてきた歌い手たちは、未来についても歌った。なぜなら、彼らはポップ・シンガーだから。

未来のことを話してみたい　明日がどんな不確かに見えても（七尾旅人〝未来のこと〟）
ベイビー／あなたを離さないで／その灯を消さないで（春ねむり〝あなたを離さないで〟）
よりよい明日へと紛れてゆく（佐野元春〝明日の誓い〟）
昨日と今日はもう違う／そうだもう行こう（坂本慎太郎〝君には時間がある〟）

録音されたレコードとしての歌は、つねにすでに過去のものだが、だからこそそれは投影機にかけられたフィルムのように、不確かで不安定な未来に像を投げかける。歌は、歌われ、聴かれることで、他の誰かの元に運ばれ、それぞれが持つ映写幕に像を結んでいく。彼らは悲惨で残酷なこの国の現実についても歌ったが、それは少しでもベターな未来を「そうぞうする」（春ねむり）ためでもある。

長すぎる船旅は続く。その途上で、現実を直視し、未来をそうぞうするための新しい歌と言葉がまた生まれるはずだ。

＊1　柴崎祐二「岡田拓郎、〈言語〉と〈編集〉の先の音楽を追い求めて――『Betsu No Jikan』をめぐるロングインタビュー」、Mikiki、２０２２年8月31日 https://mikiki.tokyo.jp/articles/-/32364

＊2　春ねむりのツイート、２０２２年6月11日 https://twitter.com/haru_nemuri/status/1535552742415953921

＊3　柴崎祐二「坂本慎太郎が語る『物語のように』のロックンロールサウンドと歌詞」、Mikiki、２０２２年5月30日 https://mikiki.tokyo.jp/articles/-/31831

2022年は大変な年でした
——マシュー・チョジック、水越真紀、野田努

by Matthew Chozick, Maki Mizukoshi, Tsutomu Noda

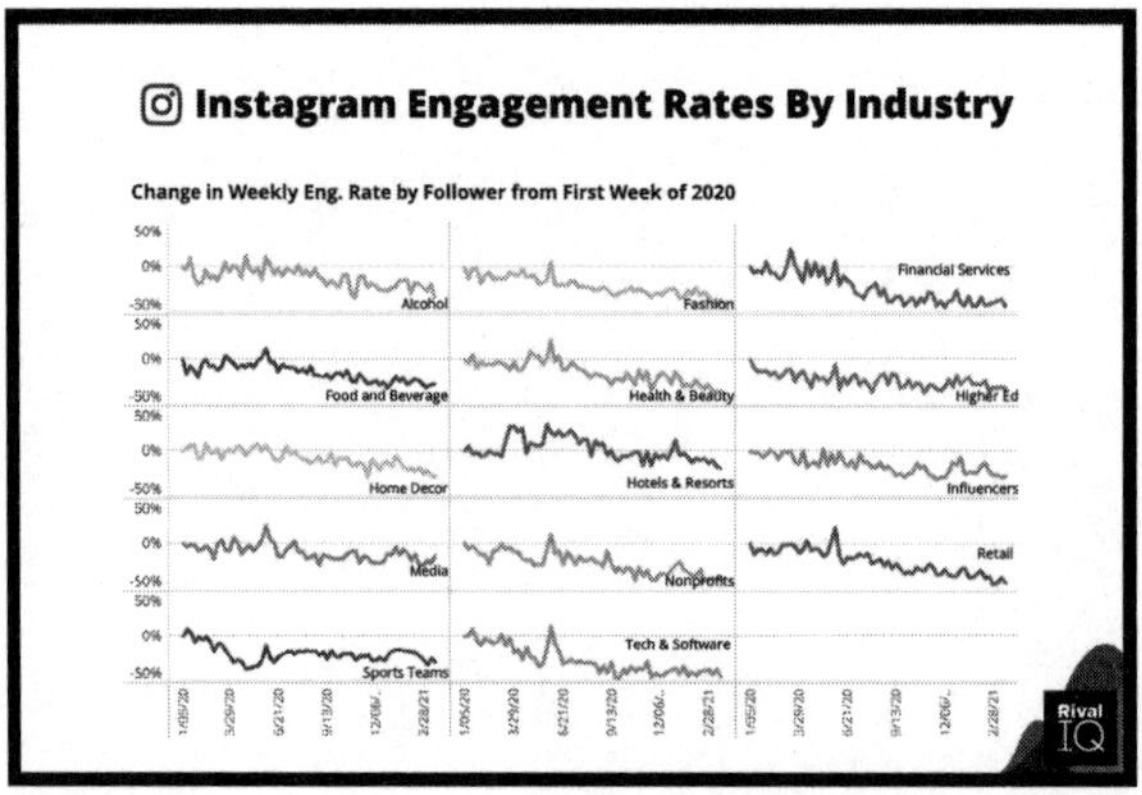

表 1: Rival IQ より

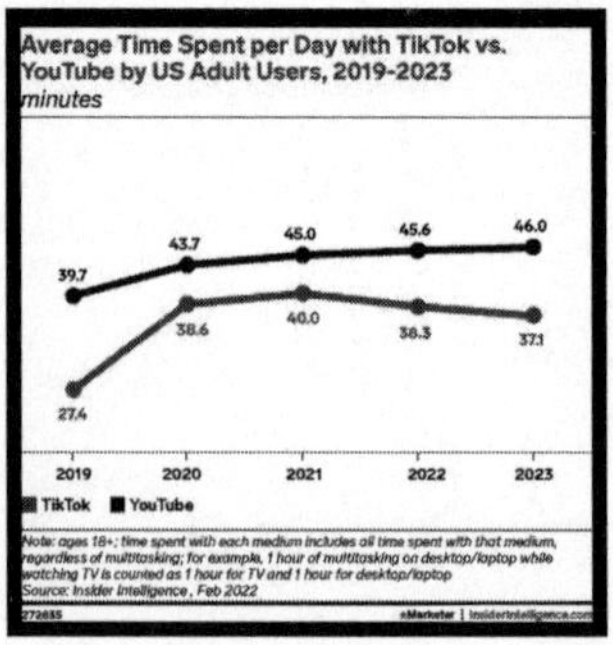

表 2: INSIDER INTELLIGENCE より

インターネットが終わった?

野田　僕にとっての嬉しいことのひとつが、2022年は「インターネットが終わった」という言葉が散見されたこと（笑）。オンラインマガジンやりながらこんなこと言うのも何だけど、インターネットに対して人びとが飽きてきたという兆候が数値的に出てきた。アメリカのメディアで発表されたInstagramにおけるひとりあたりのエンゲージメント率の表があって（表1）、ここ2〜3年で、あらゆるジャンルにおいて下降している。みんな昔ほどクリックしなくなった。もっとも勢いがあると言われているTikTokにしても、統計で見ると大人の使用者数はYouTubeのほうが多いし（表2）、近年は停滞してるらしいよ。Facebookに関して言うと、ひとりあたりのエンゲージメント率が34%低下して、Instagramは28%、Twitterは15%低下。ついに人びとはクリックするのに飽きた!

マシュー　「インターネットが終わった」と言いながら、みんなそのことをTwitterとかで議論してないかな（笑）。

野田　残念ながら、僕が好きなライターのなかには、連絡手段以外ではなるべく使わないという人が増えてきているよ。

マシュー　そうなんだ。僕が好きな日本人ライターの水越さん、TikTokで踊ったりしてないの? もしてたら僕フォローしますよ。

水越　私はまだ踊ってないです（笑）。パンデミックからアメリカ大統領選挙、さらに議事堂襲撃という激動に、インターネット、とくにSNSが陰謀論を広める道具になった。リベラルな人たちはそういうのが嫌になったっていうのはあるよね。イーロン・マスクのTwitter買収が決定打なのかな。

マシュー　みんな疲れちゃってるね。去年、社名をMetaに変えたFBの株価は7・5割ぐらい下がってる。

水越　私はあれ以来、Facebookに1回もログインしてない（笑）。

マシュー　Twitterはイーロン・マスクが買ってどうなるんだろう?

水越　とりあえず「難民化」してるね。

マシュー　ポジティヴに考えると、イーロン・マスクはもっとリベラルに嫌われてほしい。イコール、右派がマスクのことを好きになるはず。だけど実際、マスクは太陽光発電を作ったり、電気自動車を開発したり、環境保全をもの凄く考えている人間。だから、気候変動問題を否定してきた右の人たちもこれからは太陽光発電やテスラを買うことになるだろう。しかも、今朝マスクは「共和党を支持しよう」ってTwitterで発信した。この僕のシナリオ、結構イケるんじゃないかな。地球が右に救われる（笑）。

水越　イーロン・マスクは右翼というより、右派リバタリアンかな。人を罵倒する自由、差別（「区別」）する自由を重視する。日本にも、主張としては非常に自由主義なんだけれども、自民党支持で右翼の子たちに人気、みたいなネットコメンテーターが増えている。「リベラル嫌い」「左翼嫌い」と言った方が相応しい。

野田　人間、匿名だったらここまで言うのかって。誰かを辱めることが、もう普通になってるじゃない。

水越　昔風なナショナリズム的な右翼じゃないんだよね。

マシュー　オルタナ右翼、環境問題にいって欲しい。

野田　そんなうまくいかないよ、マシューさん。

マシュー　「言論の自由はある、そのためにTwitterを買った」ってイーロン・マスクは言うけど、彼についてのパロディアカウントができると、すぐに消されてしまう。

水越　プーチンだ！（笑）。

野田　インターネットがいまのところ人類にもたらしたのは、運動不足と睡眠不足と視力低下と頭を悪くすることぐらい……。

マシュー＆水越　そんなことないよ（笑）！

水越　便利に使えて、世界の生活のレベルを向上させたことはいっぱいあると思う。

マシュー　いっぱいあるね。タイムスリップして、例えば90年代に戻ったとしたら、めっちゃ不便なこといっぱいある。

野田　はははは。でも音楽でいえば、生演奏が増えたりレコードの価値が見直されたり、2022年は、デジタル時代だからこそのアナログ志向が顕在化したよね。じゃあ、本題にいきましょうか。

日本の戦後が終わった

マシュー　2023年は、「日本の戦後が終わった」と言える気がする。安倍元首相が亡くなったことで、おじいちゃんの岸信介時代から続いた日本の戦後レジームにピリオド、という感じ。

水越　人が亡くなったのに私は「悲しい」って言えなくて、ついつい笑ってしまう自分が猛烈に悲しくて自己嫌悪の半年だった。ものすごい解放感だった。

マシュー　僕はいい人ぶるわけじゃないけど、すごく複雑な気持ちになった。スキャンダルや近視眼的な政策はあったけど、政治家は簡単な職業でもないし、彼も日本のために頑張ってたんじゃないかな。僕とは視点がかなり違うところもあったけど。最近は宗教問題がヤバいね。

水越　戦後政治の55年体制でガチッと組み込まれて見えないシステムになってしまっていたものが、やっとみんなの前に姿を現して、私たちの政府がどんなものだったのかがあらわになった。統一教会との癒着は、昔なら『噂の真相』のような雑誌が書いていたことだけど、大きな新聞でちゃんと取材をされ、オリンピック汚職もジェンダー差別の根っこもほじくり返されるようになってきた。不本意だけど、あの事件でやっと日本が普通になれる条件ができたと思うんだよね。

野田　そこまで言える（笑）⁉　僕はずっとモヤモヤしているな。

マシュー　結局は制度的問題や文化的文脈が残っているから、象徴的な存在ではあったんだけど、安倍さんだけのせいではないよね。

水越　たしかに、日本にある宗教的な観念や習慣はしぶとく残ると思う。でも彼は生きていたらまた首相になった可能性が高いし、ならなくても影響力は強かった。私が安倍をいちばん許せなかったのは、教育基本法を変えたことで、道徳教育を復活させて、戦時中にやっていたような愛国教育の代わりに性教育を廃止した。本当に暗黒の時代だったけど、とりあえず彼はもう首相にならなくなった。そこまでは言える。

マシュー　そこまで言う（笑）⁉

水越　私は……自分が嫌になるくらいの気持ちです。それが日本での大事件でしょ。それともうひとつはウクライナの戦争だろうね。

野田　いろんな秩序が変わりつつあるよね。ちょうどいま（11月中旬）アメリカは選挙やってるけど、共和党になろうが民主党になろうが日本が厳しいのは変わらないだろうな（笑）。

水越　マシューさんは円安でラッキー？

マシュー　いやいや残念ながら日本円でもらってる。しかも自分が投資したお金、プーチンの戦争でかなり消えた。

野田　なんで？

マシュー　東ヨーロッパに投資してた。もう戻らない可能性が非常に高い。

水越　東ヨーロッパの経済破綻が？

マシュー　ウクライナ戦争によって東ヨーロッパの株式市場がかなり不安定になっていて、僕のポートフォリオからその存在自体が消えた。

水越　ドルにしておけばよかったね（笑）。

マシュー　いまからそうする（笑）。で、さっきインターネットの終わりの話あったけど、同時に2022年は、Me Tooが終わったんじゃないかなと思ってる。ブラッド・ピットのアンジェリーナ・ジョリーと子どもへの暴力事件があまり報道されなかったし、ジョニー・デップは裁判に勝った。Me Tooも加害疑惑者が大物だと、キャリアに響かなくなってきたようにみえる。

水越　園子温も復活してるっていうし。私がマシューさんに教えて欲しかったのは、中間選挙の結果とウォーク（woke）の関係です。上院の選挙結果について新聞で読んだけど、若い人たちは民主党に入れて、共和党に入れたのは年配の人だと。私は、MeTooが終わっていくように、ウォークも萎んでいってるのかと思ってたんだけどやっぱり終わらないのかな、それともすでに根付いているのか。その辺を聞きたかった。

マシュー　ウォークの歴史は意外と長くて、かっこいい黒人ミュージシャンたちが使いはじめた言葉だったかな？

水越　30年代の歌だというね。日本で言えば「意識高い系」と言われることもあるけど、もっとはっきりと左翼（Lefted）ですよね。

マシュー　レッドベリーがつくった説もあるかな。そして最近は右が左翼を否定するときに「ウォーク、ダサい」みたいなことを言っていて、ネガティブにも使われてる。

水越　侮蔑する言葉にさえなってるって聞いた。

マシュー　そうそう。

水越　アメリカのZ世代は左翼が増えてるということが選挙結果にもはっきり現れた。

マシュー　とくに西・東海岸に住んでる若い人たちが差別に対する意識が上の世代に比べたら、非常に高い。

水越　日本ではぜんぜん違うってよく比べられます。

マシュー　アメリカでは昔から若い人たちが古い価値観を壊すっていう文化があって、少しずつ社会が変わってきてるけど、いい面ばかりでもない。ヒッピー世代のように大人になってからやっぱりお金がいい、みたいな偽善者になることも。

水越　でもヤッピーがお金を持って、例えば慈善事業に使ったりだとかして、やっぱりヤッピーはヒッピーだった、みたいに長い目で見るとなっている。

マシュー　なるほど。ヤッピーたちが権力を得て悪いことをしまくって、ほぼリタイアしたときに「じゃあこれから社会のために何かしよう」みたいな（笑）。

水越　たしかに（笑）。あんたたちがダメにしたんじゃないかと。

マシュー　だから僕はずっとヒッピー世代を疑ってる。許せない気持ちも非常に強い。わかっててひどいことといっぱいやったからね。

野田　世界一のYouTuber、ミスター・ビーストって人がいて、ものすごくお金持ちなんだけど、ホームレスを支援してるんだよね。だからすごく評価されているよ。

マシュー　野田さんYouTuberとかよく知ってるね。

野田　SNSでインディペンデントの人たちに優しいプラットフォームは何かっていうときに、音楽だとBandcamp、で、もうひとつがYouTubeだと評価されているね。

水越　いまはそうかもしれない。じゃあやっぱりインターネットは終わりって言うよりも……

野田　そう、違う使い方にシフトしつつあるし、あらたなリテラシーも生まれつつあるかも。いまは中身が軽いブログより、濃い内容のYouTubeのほうが人気あるという話も聞いたことがある。

マシュー　終わってないじゃん（笑）。

環境とアート

水越　話題になった「エコテロ」（エコロジーアクティヴィストが美術館の絵画にトマトスープを投げつけて環境保護を訴えるアクション）についてはどう考えますか。

マシュー　スープを絵にかけて批判してる人もいっぱいいるけど、実際アートの世界のテロだったから、このエピソードによって作品の価値が上がったりするね（笑）。しかもまだ生まれていない人たちの引き継ぐ世界や犠牲を想像すると、絵なんてどうでも良くない？

水越　若い人たちの本当に切実な怒りの声には、私も黙っちゃうよね。グレタ・トゥーンベリがヒステリックに泣きながら大人のことを責める。あれ、すごく揶揄されたり批判されるけど、でも私はその切実さに言葉を失ってたじろいでしまう。環境問題は若い人にとっては、シニアな私の想像

を絶する問題なんだと突きつけられていると思う。

マシュー　グレタよりイーロン・マスクのほうが環境に良いことをいっぱいやってるけど、最近は彼が左に嫌われてる。だから、グレタを批判してる人たちがイーロン・マスクを好きになってくる可能性が高い。彼自身が素晴らしい四次元チェスやってるかも。

野田　なるほどね（笑）。

マシュー　尊敬していいと思ってる。僕の友だちには嫌われるかもしれないけど、マスクはすごいことを達成してるんじゃないかな。

水越　イーロン・マスクって儲かるからそれをやってるんであって……っていうところはあるよね？

マシュー　たぶんゲーム感覚。お金を腐るほど持ってるから。

水越　でもTwitterに投資したのは失敗だった？

マシュー　失敗かもしれないけど、そのお金も困らないでしょ。大豪邸に住んでるわけじゃなくて、ちっちゃくて利便性の高いシンプルな家に住んでるから、お金はいっぱいあっても、こういう面白いゲームみたいなことしかやりたくない人みたい。

水越　オタクなんだ（笑）。でも環境問題なんてのはもう手遅れだと思うんだよね。どんなに泣き叫ぼうが、どんなに投資しようが手遅れだけど、何もやらないわけにはいかない。

マシュー　40年前ぐらいから行動する必要あったね。本当はいま、すごく大きな革命を起こさないと間に合わない。いま流行ってるエコグッズとかは規模が小さすぎて、消費社会でただ消費されるだけの資本主義的皮肉ジョークになってる。

水越　エコテロの、あれがキャンベル缶じゃないってところが、私はいいなーって思って。またこういうことをいうと心底不真面目だと軽蔑されるんだろうけど、私の世代だったら多分キャンベル缶でやりたかったかなって。どうせならもう一捻りしちゃおうみたいなね（笑）。（と思ったら本人たちがイギリスのアート雑誌『frieze』のインタヴューで「最初、アンディ・ウォーホルの絵に投げようと考えていた」と答えていた）

野田　アートパフォーマンスとしては面白いけど、あの人たちが言いたいのは、アートよりも生態系、地球のほうが大切だよってことでしょ。でも君たちがやっているのはアートパフォーマンスで、だから四次元でチェスしてるっていうか、ちょっと自己矛盾してる（笑）。

マシュー　またそれがアートパフォーマンスとして写真かなんかで美術館に展示されるんじゃない

ですか（笑）？

野田　ひとつ言いたいのは、環境問題に比べたらたいしたもんじゃないアートに救われている人だっているってこと。もうちょっとほかのやり方なかったのかな。

マシュー　フランスの政府が最近良いことをやってて、大きい駐車場には太陽光発電を設置しなきゃいけないことになった。車を80台停められるところなら必ず設置しないとダメっていう法律ができた。

野田　その費用は国が持つの？

マシュー　補助金がどれぐらい出るか、決まっていないみたいだけど、フランスの政府によると、「駐車場政策」で原子力発電所10個分と同じぐらいの電力量を賄える。うまくいくとすごくない（笑）？

水越　東京都知事が、新築の家には補助金を出すからそういうパネルを付けるって言ってたけど、なかなか反対が強くて。

野田　補助金が出るんだったらいいと思うけど。黄色いベストみたいに「環境に良くない」安いガソリンしか使えない労働者たちの抗議もあったから。

水越　保守的な人たちは、とにかく「強制」ってところが嫌いだよね。自由が好きだから。自由っていうのはリベラルな人が、リベラルっていうかどちらかというと左派の若い人たちが自由を愛していたんだけど、いま自由を訴えてるのはどっちかというと保守的な人たちですから。

野田　リバタリアン系ね。

ウォークとルンペンブルジョワジー

水越　いま興味があるのは、ウォークな左翼の人の考え方と、それから最近日本語に訳されてた「ルンペンブルジョワジー」。

マシュー　オシャレな言葉？

野田　貧乏人のフリした金持ち？

水越　アメリカ人の保守批評家が作った言葉かもしれない。高学歴な人文科学系の人で、あまり生産性が高くない人たちのことらしい。資本主義的には役に立たないけど、道徳的な考えを持っていて、人権や社会について、仕事にも生かしているというか、それしか資産がない。Twitter社から真っ先に追放されたと言われる、差別ツイートなどを判断する「人権チーム」のような人たちと思われる。で、これはネットで見ただけだけど、最近、『「社会正義」はいつも正しい』や『傷つきやすいアメリカの大学生たち』『ガリレオの中指』といったような、ポリティカルコレクトネスの「行き過ぎ」を批判する本が立て続けに翻訳されて話題になってるけど、マイノリティーが人権を主張することでこれまでの多数派（性別や国籍や人種の）が割りを食うんじゃないかという葛藤があらわになってると言える。セクハラもパワハラも厳しく非難され、そうなると主流派の不満がつのる。その人たちがウォークな人たちに対して「ルンペンブルジョワジー」っていう批判をぶつけたりするんじゃないか？　自由がいいのかポリティカルコレクトネスを維持するべきか、の対決みたいなもの。トランプと民主党の対決でもある。「自由」の意味が問われている。

マシュー　なるほど。昨日読んだ記事によると、自由大好きなイーロン・マスクがTwitterを買ってから、黒人差別の記号になってるＮワードが8倍に増えたって。たしかに凶悪。

野田　匿名だったりすと、やたら好戦的になる人がいるでしょ。マクロで見れば同じ方向を向いてるはずの人にも罵詈雑言を浴びせたり、なんか、ここ数年は、いろんなところで対決が起きている。

マシュー　左は永遠にそういう問題を持つ。

水越　私たちみたいなおじさんおばさんは正直いって、もうウォークに疲れてんのよ。ええ、そこまでやるのかー！　みたいな……。

野田　実情は、Twitterをゆるく平和的に使ってる人がほとんどだろうし、好戦的なのはネトウヨと一部のリベラルなんだろうけど、目立つんだよね。

水越　「キャンセル・カルチャー」自体が保守主義の人の言葉だっていう。差別者はキャンセルされて当然なので、「カルチャー」呼ばわりすること自体が間違っている。ただの「キャンセル」にすぎないと。

野田　アメリカはもっとひどいでしょ。

マシュー　そうかも。

水越　日本のリベラルの人の一部はアメリカの最先端を直輸入してるから、学者でもない労働者や生活者にツーカーで理解を求めるのはちょっと難しいんじゃないのって思うところがあるよね。

野田　そうだよね、アメリカの影響を受けてるから（笑）。

マシュー　申し訳ない（笑）。

水越　でもそういうキャンセル・カルチャーの問題は終わってはいない。私はどっちの主張も感情も共感するところがあって苦しい。

野田　アメリカだと、それこそケンドリック・ラマーがキャンセル・カルチャーに対するアンサーみたいなアルバムを出したよね。（以下、年間チャートを参照）

水越　なるほど、そういうことを考える曲がり角というか、２０２２年は、そういう年でもあったね。

野田　いろんなターニングポイントがあったんだろうね。カタールのW杯ほどフィールド外で非難された大会もなかったし。その批判には、MeTooやＬＧＢＴＱやＢＬＭなんかの流れも絶対にあるわけだし。

水越　なんだかんだ言って、長い目で見れば人類はリベラルの方に絶対に行くはずで、進む方向は変わらないと思うんだけど、どうやって進んでいくかというのはやっぱり変わっていくわけだよね。この数年というのはたくさん対決があったし、激流のようなスピードでもあったから、これじゃあ世界は本当に割れちゃう。

マシュー　急に展開が早くて、古い発想で育てられた人たちの教育が全然足りてない。

水越　絶対に理解し合えなくなっちゃう。

野田　高学歴で生産性が低いのがルンペンブルジョワジーだったら、エレキングまわりはそんな人ばっかだよ、小林君とか。

水越　私もそうだしな、と思ったけど、ごめん。ルンプロはブルジョワジーなので高収入の定義だった。でもそれでもそういう人が社会に育ってきたことは、私は良かったと思うんだよね。「行き過ぎ」問題は揉み合いながら歴史は進むということだろうし、揉み合いがなければ分断しかなくなる。

マシュー　僕も良かったと思うけど、いまのルンペンブルジョワジーやリベラルたちの生き方がかなりクローズになってきてるじゃない？　もっとオープンで、ちょっと違うタイプの人や、例えば無意識に少し差別的な発言をしちゃってる教育や想像力が足りない人でも、入ってこれるようにしないと。

水越　私は、リベラルな若い人はもっと自信を持っていいと思うんだよね、絶対に自由な方向に行くんだっていう確信を持っていいと思う。そう確信できれば、ちょっと寛容になれるんじゃないのかな。そんなに焦らないでって思う。

マシュー　20年前の社会に比べたら自由の方向に行ってる。ＬＧＢＴの人たちとかね。

野田　そうだよね。

水越　女の人についてもそうだし。

マシュー　そうだね。ところで、コロナの話をす

ると、国のトップが感染したらその国のコロナ政策がシフトする仮説を僕は立ててみた。フランス、アメリカ、イギリス、そして日本でも岸田総理が感染してからぜんぜん変わった。もうコロナは終わった、みたいなムードになった。外国人どうぞ日本に戻ってきていいよ、みたいな。権力構造がわかりやすいよね。

水越　でもやっぱり経済が、っていうことになっちゃうんだよね。昨日の新聞で読んだけど、元日銀の人が、8年間やった日本の金融緩和政策は実験だったって発言した。しかも、途中でこれは失敗だったとわかったと。金融緩和して物価が多少上がっても生活が良くならないことがわかったのにやめられなかったのは、安倍政権だったからだと言ったと朝日新聞に出てた（笑）。これも安倍が死んで言えるようになったことのひとつだね。

マシュー　円安本当に心配。

水越　生活、すごく苦しい。私はずっと少ししかお金持ってないけど、円高のときは楽だったし美味しいものをけっこう食べてた。チーズとかね（笑）。いまはそんなもの買ってる場合じゃなくなってる。

マシュー　なぜ日本の政治家たちが他人事かというと、あまりニュースで解説されないけど、彼らの資産の多くは海外株式で、その株価は基本ドルベースだから影響を受けない。それどころか豊かにすらなっている。だから、自分たちの国が貧乏になってるという自覚がないのが問題。

水越　だから岸田は増税するって言ってるのか!!

1972年から50年後の世界

水越　1972年は日本にとって大きな年だった。中国との国交回復、沖縄返還、あさま山荘事件やハイジャックなど左翼運動の終わりと思えるような大きな事件もあった。今年はそこから50年目で安倍首相銃撃で非常に大きな変化の年になったと思う。

野田　なるほど、ちょうど半世紀。

水越　沖縄返還のときには、私は子供だったけど、日本中みんなすごく嬉しかった。中国についてもすごく良いイメージだった。

マシュー　かわいいパンダ（笑）。

水越　でも2022年は、沖縄の米軍基地返還運動の人たちを冷笑的に揶揄する出来事があった。2ちゃんねるを作ったひろゆきが火種になって、冷めたような言葉がすごく広がって。この50年でこうなってしまったんだな、と。

野田　小学校4年生のときの担任の戸川先生が沖縄出身の人で、その人がいきなり「今日は大切な日だから、1時間だけ授業とは別のことを話します」って沖縄の話をされて、すごく感動した。

水越　すごく覚えてる、5月15日。

マシュー　沖縄にパッケージ・ツアーで行ったとき、バスで移動するんだけど、移動中にガイドさんがマイクを持って沖縄の歴史について話してくれたけど、途中で泣いていて。沖縄はアメリカによる被害者にもなってるから、辛い話だった。ずっと軍隊いらないんじゃないかって思っていたけど、いまは、軍隊が必要なんじゃないかって左の僕でさえ心配したりする。プーチンはなんのために戦ってるかさえ理解できていない。少し前までは、プーチンもちょっとかわいかった。上半身裸で熊に乗った写真とかあったり。でも今回は本当に怖いね。

水越　独裁者はトリックスター的なところがある人が多くて、安倍だってトランプと一緒にゴルフやってるのを見ていると、なんていうか愉快な人なんだよね。ボリス・ジョンソンとかボルソナロとか。だから「かわいい」には用心したい。

マシュー　気をつける。今度かわいいと感じたらそれは独裁者かも（笑）。

水越　そして、大国ロシアに小国のウクライナが一時的に勝利していると言ってもあれはアメリカが本腰を入れたから勝ててるわけだよね。情報や武器を提供して。

マシュー　それが正しいかどうかは難しいね。アメリカは武器をたくさん与えて、ウクライナ人の子どもにまで持たせてる。

水越　ウクライナが降伏せずに戦いを続けたから、いまロシアが撤退してるんだということを、世界の人びとは信じそうになってる。だけど本当にそうなのか、そこにはアメリカとロシアの力関係があって、アメリカがロシアを潰したいと思ったからこそウクライナは勝てているのかもしれない。だからそこで、「軍隊を持たなきゃ危ないんじゃないか」と思わせられちゃうことには抵抗しないと怖いよね。

マシュー　ゼレンスキーはSNSやマスコミの使い方が上手くて。さすが元芸能人であるゼレンスキー。ちなみにYouTubeで検索すると彼が自分のペニスでピアノを弾く芸を持ってる（笑）。

水越　えー！

マシュー　ゼレンスキーはボノをウクライナに呼んで、海外のマスコミは我々の戦争を忘れちゃうからって駅のなかで突然ライヴをしたり、ゼレンスキーはそれを全部計画していたみたい。すごく頭良い。

水越　怖いよー。

野田　国によってメッセージをコロコロ変えてるところがすごいよね。

水越　それはすごいよね。プロデュース能力が。

マシュー　でも政治家は基本、話をする対象によって言うことを変えなきゃいけないじゃない？それはどこでも同じ。

ウィル・スミスの平手打ち

マシュー　2022年はすごいことがあった。日本の濱口竜介監督が、アカデミー賞の国際長編映画賞を取ったけど、それよりもウィル・スミスがクリス・ロックを平手打ちしたことのほうが日本のマスコミに報道されていて、残念なことになってる。ウィル・スミスの事件がなかったら濱口は日本のヒーローになってるはず。黒澤明の次は濱口竜介になってたかもしれない。

野田　あはは。話題をかっさらったね（笑）。

マシュー　びっくりした。次の日山手線に乗っていて、「濱口監督おめでとう」みたいなことは電車のテレビで見つからず、ウィル・スミスの平手打ちは報じられていたんだけど（笑）。

水越　あの事件に関して、日本では、最初は妻を侮辱されたのだから殴るのは許されるんじゃないかという意見が多数だったのが、やっぱり暴力はダメなんだっていうことに短時間で変わったのが意外だったな。

野田　ウィル・スミスも謝ったし。

水越　アンガーマネジメントみたいに言われるよね。子供にどんどんお金を配るみたいなすごく福祉的な政策をして、日本で一番福祉政策をやる市長と言われた明石市の市長が怒りを抑えられない人らしくて（笑）。それで何度も失言して、ついに政治家を引退しちゃったんだよ。どんなに良いことをしても、同情の余地があっても、暴言だけでこんなに厳しい事態になるんだというのは、新しい時代だと思う。

マシュー　例外あるけどな。麻生太郎は何を言っても残るね。ニコニコしながらナチスを賞賛したり「日本の老人が早く死なないから大変」みたいな。

水越　そう！「義務教育は小学校まででいいだろ」とか。

マシュー　あの人はある種の天才だな。

水越　日本の明治近代化はああいう人たちがやってきたんだろうね。

マシュー　アメリカだとキリスト教徒の政治家が矛盾だらけで面白い。例えば共和党だと、まだ生まれていない人たちの存在を大切にするために、中絶を禁止しようとしてるのに、いま生きてるメキシコ人とかを犠牲にしている矛盾があるね。

野田　アメリカ大好きな権力者を支持する日本の右翼の矛盾とか。これも四次元現象なのかな。

水越　しかも韓国の教団にあんなに寄付してて、ナショナリストが一番嫌いそうなのに。

マシュー　みんな矛盾大好きだね、とくに政治の世界では。

水越　同情って面白い感情で、例えば肉食をやめる理由っていろいろあるんだろうと思うけど、「可哀想」って生きてるものは食べないけど、でも人間にはけっこう暴言吐いたり（笑）。

野田　動物には優しいんだ。

マシュー　僕も人間より動物に優しい派（笑）。

水越　共感とか同情とかがキーになっていて、『アンドロイドは電気羊の夢を見るか』の共感能力テストをいつも思い出すけど、いまそういう時代になっている。何に共感するか、何に同調して生きるかが一人ひとり違っていて、互いの人間同士の理解が遠くなっている。不思議な感じ。

マシュー　もうＳＦのなかで生活してるよね。共感能力テストに合格できない政治家いっぱいいそう（笑）。

水越　でも人間同士の共感なんて昔から大してなかったよね。

野田　まあ、いろんなレベルの共感があるからな。

マシュー　人を搾取するために、共感をなくさないといけない構造あるね。奴隷制があったときや、戦争が起こる時、同じ人間が別の生き物として扱われるね。お互いネズミという比喩を使ったりするね。

水越　なのに先に動物に共感しちゃう人もいるんだよ（笑）。

マシュー　まあしっぽとかついてて可愛いからね。

水越　それはあるよ。人間とは会いたくなくても猫には会いたい日もあるよね。

マシュー　すごく共感できる（笑）。２０２１年はコロナスーパーパワーで対談をはじめたけど、その後コロナスーパーパワーはどんな感じ？

野田　僕は感染したしもうとっくに消えたね。毎晩ビール飲んでます！

水越　私はけっこう歩くパワーが出ていたけど、もうすっかりなくなっちゃってヘルニアって言われちゃった。

マシュー　僕はワクチンを打ってからワカメとかほうれん草が歯に付いてたら絶対にわかる感覚が生まれたって話をしたけど、こないだ東京国際映画祭で色んな偉いプロデューサーに名刺渡して、握手したり一緒に話した後、トイレに行って鏡を見たら一番前の2本にすごくでっかいほうれん草があって、完全に歯が抜けてるように見えた（笑）。コロナスーパーパワーもう消えた。

水越　でもそれと引き換えに握手できるようになったから（笑）。

マシュー　ウィル・スミスにやられたって言えばよかった（笑）。そしたら濱口監督より有名になってた。

（２０２２年11月10日、渋谷にて）

ele-king vol.30

2023年1月10日　初版印刷
2023年1月10日　初版発行

編集　野田努＋小林拓音（ele-king）
協力　栗原玲乃
アート・ディレクション＆デザイン　鈴木聖

発行者　水谷聡男
発行所　株式会社Pヴァイン
〒150-0031
東京都渋谷区桜丘町21-2 池田ビル2F
編集部：TEL 03-5784-1256
営業部（レコード店）：
TEL　03-5784-1250
FAX　03-5784-1251
http://p-vine.jp

発売元　日販アイ・ピー・エス株式会社
〒113-0034
東京都文京区湯島1-3-4
TEL　03-5802-1859
FAX　03-5802-1891

印刷・製本　シナノ印刷株式会社

ISBN　978-4-910511-34-4